Ganzheitlich Heilen

Buch

Dass wir uns an manchen Plätzen besonders wohl fühlen und andere als unangenehm oder gar irritierend empfinden, hat jeder bereits selbst erfahren. Wie aber kann man das eigene Umfeld so gestalten, dass es unser Wohlbefinden fördert und unsere Kreativität und Arbeitsfreude steigert? Antwort bietet die alte chinesische Weisheitslehre des Feng Shui. Die Autoren haben die Inhalte dieser Lehre der westlichen Kultur angepasst und sie für unsere Maßstäbe praktikabel gemacht. Ihr Buch enthält mannigfaltige Anregungen zur aktiven Gestaltung von Wohn- und Arbeitsräumen. Auch finden sich darin zahlreiche praktische Tipps und Anleitungen zur optimalen Bauplanung und Konzeption der einzelnen Räume, zur Kunst der Möblierung sowie zur Auffindung des persönlichen Kraftplatzes.

Autoren

Hermann Meyer studierte Naturheilkunde, Psychologie und Astrologie. Er war jahrelang Vorstandsmitglied eines psychosomatischen Forschungszentrums und entwickelte die psychologische Astrologie. Er gründete ein Institut für psychologische Astrologie, als dessen Leiter er seither tätig ist, und bildet Astrologen aus. Beim Studium der chinesischen Weisheitslehre Feng Shui erkannte er, dass deren wesentliche Prinzipien mit den von ihm gefundenen Gesetzen der psychologischen Astrologie für den westlichen Menschen sofort nachvollziehbar und verständlich dargestellt werden konnten.

Günther Sator ist Maschinenbauingenieur sowie Kommunikations- und Managementberater. 1983 wurde er mit der Lehre des Feng Shui bekannt und studierte diese Lehre intensiv bei östlichen und westlichen Experten. Er wurde der erste europäische Feng-Shui-Berater. Von Anfang an passte er Feng Shui an das westliche Leben an und gestaltete es praktikabel für unsere Maßstäbe. 1997 veröffentlichte er zusammen mit Hermann Meyer das Buch »Feng Shui – Leben und Wohnen in Harmonie«.

Bei Goldmann sind von Hermann Meyer bereits erschienen:
Die Gesetze des Schicksals (12142)
Die neue Sinnlichkeit (10375)

HERMANN MEYER
GÜNTHER SATOR

Besser leben mit Feng Shui

Wohnen und Arbeiten in Harmonie

GANZHEITLICH HEILEN
GOLDMANN

Umwelthinweis:
Alle bedruckten Materialien dieses Taschenbuches
sind chlorfrei und umweltschonend.
Das Papier enthält Recycling-Anteile.

Vollständige Taschenbuchausgabe Juli 2000
Wilhelm Goldmann Verlag, München
in der Verlagsgruppe Bertelsmann GmbH
© 1997 Heinrich Hugendubel Verlag, München
Umschlaggestaltung: Design Team München
Umschlagfoto: The Image Bank/Jill Enfield
Satz: Uhl + Massopust, Aalen
Druck: Elsnerdruck, Berlin
Verlagsnummer: 14193
WL · Herstellung: Stefan Hansen
Made in Germany
ISBN 3-442-14193-1
www.goldmann-verlag.de

2. Auflage

Inhalt

Vorwort 9

DENKVORAUSSETZUNGEN 11
Das Umfeld prägt 11
Die Lebenskraft Chi 12
Alles lebt 13
Energie will fließen 14
Warum Feng Shui wirkt 14
»Mit dem Fluss gehen« 14
Feng Shui für den Westen 15
Auch die Wohnung lebt 16
Yin und Yang 16
Feng Shui und Baubiologie 18
Unterirdische Wasseradern 21
Das Haus als Spiegel der Seele 23
Alles ist mit allem verbunden 25
Auch Gedankenkraft ist Energie 26
Meine Einstellung ist entscheidend 28
Verantwortung 28
Feng Shui und verwandte Gebiete 29
Das Gesetz von Inhalt und Form 31
Die Bedeutung von Symbolen 33
Das Gesetz der Wiederkehr des Verdrängten,
der Affinität und der postitiven und negativen
Verstärkung 35

Feng Shui und Astrologie 42
Feng Shui und Psychosomatik 44
Krankheitsvorbeugung und Gesundung durch
Feng Shui 49

Feng Shui im Aussenbereich 53
Wer oder was beeinflusst Ihr Leben? 53
Welche Maßnahmen fördern Chi? 56
Äußere Methoden 56
Grundstück 57
Wasser 62
Die Wirkung von Straßen 64
Nachbarn 66
Zäune 67

Wohnbedürfnisse 69
Meine persönlichen Wohnbedürfnisse 69
Wohnbedürfnisse 71
Diskrepanz zwischen Bedürfnis und Wirklichkeit 86

Cutting Chi 90
Chi und Sha-Chi 90
Cutting Chi 91
Schneidendes Chi in Wohnungen 95
Verstecktes Schneidendes Chi 95
Wie schütze ich mich vor Schneidendem Chi? 95

Hilfsmittel, Werkzeuge und Methoden des Feng Shui . . . 98
  1. Klang, Musik und Sprache 98
  2. Über die Wichtigkeit des Lichtes 101
  3. Die Bedeutung von Pflanzen und Bäumen 104
  4. Spiegel und ihre Wirkung 112
  5. DNS-Spiralen 126
  6. Kristalle 128

7. Regenbogenkristalle 129
8. Delphine 131
9. Bilder 132
10. Farben 135
11. Wasser 139
12. Bewegte Objekte 141
13. Steine, Felsen, Figuren 144
14. Persönliche Gegenstände 145

Feng Shui von A–Z 150
Was jede(r) über Feng Shui wissen sollte ... 150

Richtig bauen 168
Der gute Standort 168
Die optimale Bauplanung 170
Die Harmonie der Ausführung 170
Wichtige Details des Bauens 171

Die Umsetzung in die Praxis 175
a) Das glorreiche »Bagua« 175
b) Wie findet man den persönlichen Kraftplatz? 199
c) Die ideale Gestaltung der einzelnen Wohnräume 202
　Das Schlafzimmer 202
　Die Küche 205
　Das Esszimmer 211
　Das Wohnzimmer 213
　Das Kinderzimmer 214
　Das Gästezimmer 218
　Badezimmer und WC 220
　Vorraum und Flur 223
　Abstellräume 223
　Treppen 225
d) Ordnung und Co. 227
e) Der optimale Arbeitsplatz 234

f) Feng Shui-Maße für mehr Harmonie 237
g) Die Kunst der Möblierung 241

**Feng Shui für die persönliche und die
kollektive Zukunft** 243
Wie man sich durch Feng Shui viel Geld, Energie
oder Sackgassen (Umwege) sparen bzw. ersparen kann . . 243
Warum man zuerst die bisherige Wohnung optimal
gestalten muss, um seine »Traumwohnung«
zu erreichen 244
Feng Shui beeinflusst das Wohnen im
dritten Jahrtausend 249
Feng Shui als Weg 254

Anhang 255
Literatur 255
Bildnachweis 255
Kontaktadressen 256

Vorwort

Dieses Buch ist das Resultat der Vereinigung von zwei großartigen Systemen und Weltbildern. Erstmals wird Feng Shui aus unserer westlichen Sicht beleuchtet und auch erklärt, welche Geheimnisse hinter diesem jahrtausendealten Erfahrungswissen stecken.

Eine Seminarteilnehmerin brachte ihre Sicht der Dinge mit folgender Frage auf den Punkt: »*Wie kommt es, dass so viele Feng-Shui-Experten nach wie vor krank sind, finanzielle Probleme haben oder deren Partnerschaft kriselt?*«

Feng Shui ist weit mehr als das Aufhängen von Windspielen oder das Umstellen von Möbeln. Daher müssen wir zunächst die universellen Prinzipien verstehen – und auch anwenden lernen.

Selbst das allerbeste »Feng-Shui-Haus« wird niemandem ersparen, sich selbst weiterzuentwickeln. Zu glauben, dass eine rein äußerliche Veränderung des Umfelds – auf Dauer – das Leben verbessert, ist illusorisch. Daher beleuchtet dieses Buch erstmals auch die menschlichen und psychologischen Hintergründe und erzählt in praxisnahen Beispielen über das »Warum« und was zu tun ist, um nachhaltigen Erfolg und Gesundheit anzuziehen.

Viel mehr als uns bewusst ist, beeinflussen nämlich wir selbst mit unseren Einstellungen, Gedanken und »Mustern« das, was in unserem Leben geschieht. Wenn es uns gelingt, hier eine Tür zu einer neuen Sichtweise zu öffnen, haben wir viel erreicht.

Da das Wissensgebiet des Feng Shui umfangreich und komplex ist, haben wir im vorliegenden Buch versucht, die Auswahl so zu treffen, dass der Leser schrittweise in die Lehre des Feng Shui eingeführt wird. Außerdem geht es uns auch darum, Möglichkeiten zur praktischen Umsetzung zu eröffnen.

Betrachten Sie dieses Buch daher als Freund und Wegbegleiter, denn ähnlich einem Feng-Shui-Berater, welcher mit fachmännischem Blick Ihre Wohnung begutachtet, bietet es Hilfe zur Selbsthilfe an. Vor allem will es anregen zum Aktivwerden, denn worauf es wirklich ankommt, ist unsere ständige Weiterentwicklung.

Mondsee, München im Januar 1997

Denkvoraussetzungen

> *»Die beste Methode, die Zukunft*
> *vorauszusagen, ist, sie zu erfinden«*
> John Sculley, The Odyssey

Bestimmt haben auch Sie schon erlebt, dass Sie von einem Besuch bei Freunden mit viel Energie und Inspiration nach Hause zurückgekehrt sind. Umgekehrt werden Sie sich gewiss auch an Situationen in einem fremden Umfeld erinnern, wo nach kurzer Zeit Ihre »Batterie« verbraucht war und Sie schleunigst das Weite suchten.

Woran liegt es nun, dass wir uns an manchen Plätzen so besonders wohl fühlen und andere Orte als unangenehm oder gar irritierend empfinden?

Das Umfeld prägt

Ein höchst interessantes Phänomen zeigt sich in den letzten Jahren immer deutlicher. Viele Menschen investieren eine Unmenge Geld, Energie und auch Lebenszeit in die Schaffung ihres privaten Wohnraums. Sie verstricken sich dafür womöglich für lange Jahre in Schulden und müssen in der Folge hart arbeiten, um sich das alles leisten zu können. Darüber hinaus muss oft noch auf vieles andere im Leben verzichtet werden. Doch kaum naht das Wochenende oder der langersehnte Urlaub, zieht es sie wie die Lemminge hinaus aus der Stadt ins grüne Erholungsgebiet – just dann, wenn endlich Zeit wäre, das so hart

Erarbeitete ausgiebig zu genießen. Die Staumeldungen der Verkehrsnachrichten erinnern uns jedes Wochenende wieder an dieses paradoxe Verhalten.

Die Lebenskraft Chi

Unsere Vorfahren in allen Kulturen dieser Welt wussten darüber Bescheid, dass die uns umgebende Natur ein lebendiger Organismus ist. Symbolisch wurde dies durch Spiralen, Schlangen, Drachen (Lindwurm) etc. dargestellt. Gemeinsam war all diesen Abbildungen, dass die hinter allem wohnende Schöpferkraft als schlängelnde, fließende Bewegung beschrieben wurde. Die Begriffe *Prana, Od, Orgon, Gott, Lebensenergie, Ki* oder *Chi* sprechen daher alle vom selben Prinzip: Alles ist Energie.

Die Form des Drachens zeigt den fließenden Energiestrom.

Alles lebt

Viele Wissenschafter bestätigen mittlerweile, dass alles, was uns umgibt (und zwar sichtbar und unsichtbar), »Energie« ist. Dies bringt von unerwarteter Seite die späte Bestätigung für das uralte Konzept unserer Ahnen, die immer schon wussten, dass alles Geschaffene eine Art »Lebendigkeit« in sich birgt.

Demzufolge muss also auch ein Berg, eine Wiese oder ein Bächlein eine energetische Bedeutung haben und somit das Umfeld beeinflussen. Gleiches gilt aber auch für jeden von Menschenhand geschaffenen Gegenstand, sei es ein Schrank, ein Bild oder eine Straße. Alles ist Träger und auch Ausdruck dieser universellen Energie. Die große Frage ist immer wieder, welche Eigenschaften dieses Chi (so nennen wir die Energie im Feng Shui) haben wird. Man kann sich sehr gut vorstellen, dass eine stark befahrene Straße eine andere Qualität ausstrahlt als eine bunte Blumenwiese. Dies erklärt auch, warum wir im Urlaub an gewisse Orte und Plätze lieber hinfahren als zu anderen – die Auflade- und Regenerationsmöglichkeit ist dort besser.

Das Chi einer bunten Blumenwiese ist harmonischer als das einer stark befahrenen Straße.

Energie will fließen

Jeder naturheilkundlich arbeitende Arzt weiß, dass Gesundheit nur dann möglich ist, wenn der Körper gut energetisch versorgt ist. Blockaden müssen daher aufgelöst und freie Flüsse wieder hergestellt werden. Die chinesische Kunst der Akupunktur bedient sich so genannter *Meridiane*. Diese sind an der Hautoberfläche des menschlichen Körpers verlaufende Energieleitbahnen, auf welchen mit einer hauchdünnen Nadel gestochen wird. Dieser sehr genau gesetzte Impuls löst den Stau und schafft die Voraussetzung zur Heilung.

Warum Feng Shui wirkt

In einem lebendigen System ist alles mit allem verbunden. Genauso wie in unserem Körper durch das Auflösen von Blockaden eine Gesundung in scheinbar ganz anderen Körperpartien eintreten kann, wird durch das gezielte Aktivieren von einzelnen Wohnungsteilen eine Harmonisierung angestrebt, also de facto eine therapeutische Maßnahme mit klarer Zielsetzung.

»Mit dem Fluss gehen«

Das *Tao* ist der Weg der Natur. Die uralte bildliche Darstellung davon zeigt einen Menschen, der mit seinem Boot einen Fluss befährt. Aus dieser Überlieferung leitet sich auch der Begriff *im Fluss sein* ab.

Der Weg des Tao bedeutet demnach, dass wir – wie ein Fluss – immer beweglich und auch bereit für Veränderungen sein müssen.

Bereits Laotse wusste: »*Der Sinn erzeugt die Eins. Aus die-*

sem Ureinen entsteht die Zwei, die Zwei erzeugt die Drei.« Und aus der Dreiheit entstehen die sprichwörtlichen »Zehntausend«, also die Fülle und Unbegrenztheit des Seins. Wer das nötige Vertrauen entwickelt und sich dem »Fluss des Lebens«, also dem Tao anvertraut, ist auf dem besten Weg zu Harmonie und Gleichgewicht.

Feng Shui für den Westen

Das Wissen um die Wirkung des Umfelds und dessen bewusste Gestaltung ist so alt wie die Menschheit. Wer nach Madagaskar kommt, wird dort genauso Hinweise darüber finden wie ein Weltreisender, der balinesische Bergdörfer oder Aborigines in Australien besucht. Auch in Europa gibt es noch immer einen sehr großen Erfahrungsschatz über dieses Wissen, doch ist dieser immer mehr in Vergessenheit geraten und oft nur noch schwer zugänglich. Wohl wussten unsere Dombauherren, die Errichter von Klöstern, Burgen oder Regierungssitzen genau, wie sie diese Bauwerke so optimal und effizient wie möglich platzieren konnten, doch wurde dieses Wissen vom Normalbürger fern gehalten. Daher ist es auch heute noch schwierig, an fundierte Informationen zu gelangen.

Dankbar nehmen wir daher zur Kenntnis, dass sich im asiatischen Kulturraum die jahrtausendealte Tradition des Feng Shui bis heute erhalten und ständig weiterentwickelt hat.

Die Grundgesetze, nach denen unsere Welt funktioniert, sind in China, dem Kernland des Feng Shui, natürlich dieselben wie bei uns. Doch vieles, was zu sehr »chinesisch« ist, also deren regionale Besonderheiten und auch Aberglauben widerspiegelt, muss adaptiert werden und darf nicht blindlings übernommen werden.

Das Feng Shui des 21. Jahrhunderts muss daher für unseren westlichen Kulturkreis neu entwickelt werden. Einen Schritt in diese Richtung zu setzen, ist das Anliegen und die Herausforderung des vorliegenden Buchs. Es will vor allem auch helfen, Irrtümer zu vermeiden.

In einer geschmackvoll mit Antiquitäten eingerichteten Wohnung werden Bambusflöten mit roten Bändern über dem Eingang höchstwahrscheinlich Befremden auslösen, und auch Sie wären nicht eben begeistert, wenn Ihr Büro nach einer Feng-Shui-Umgestaltung wie ein Chinarestaurant aussähe. Lassen Sie sich überraschen, wie vielfältig und universell einsetzbar die Hilfsmittel unseres eigenen, westlichen Kulturkreises in diesem Zusammenhang sind.

Auch die Wohnung lebt

Wenn nun alles in unserem Umfeld »lebt«, ist leicht vorstellbar, dass auch die Wohnung – ähnlich wie unser Körper – eine gute energetische Versorgung haben muss.

Die Lebensenergie Chi sollte wie ein walzertanzendes Paar durch die Räume zirkulieren. Wäre das bei Ihnen zu Hause hindernisfrei möglich? Übrigens: Wenn wir in der Folge von »Wohnung« sprechen, so ist dies auf jede beliebige Lebens- oder Arbeitsumgebung übertragbar, also genauso auf Büro, Firma, Kindergarten, Schule oder Eigenheim.

Yin und Yang

Diese Analysemethode beschreibt alle Dinge oder Phänomene unseres Universums als »unbegrenzte Gegensatzpaare« (Yin/Yang), welche in ständiger Beziehung zueinander stehen.

Das »Yang-Prinzip« ist aktiv, während die »Yin-Kraft« passiv ist; dennoch besteht nichts aus absolutem Yin oder reinem Yang. Sogar im Yin-Yang-Symbol zeigt sich Yin innerhalb des

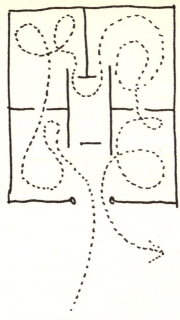

Wie ein walzertanzendes Paar sollte die Lebensenergie durch die Räume zirkulieren.

Yang (als schwarzes Auge im weißen Fisch), und umgekehrt erscheint das Yang innerhalb des Yin als weißes Auge im dunklen Fisch.

Beispiele für Yin-Yang-Paare

Yang	Yin
aktiv	passiv
Himmel	Erde
außen	innen
Geist	Körper
männlich	weiblich
hell	dunkel

Das Yin-Yang Symbol zeigt die Vereinigung der Gegensätze.

Zeit	Raum
ausdehnend	zusammenziehend
extrovertiert	introvertiert
schnell	langsam

Eine weitere interessante Beobachtung ist, dass alle Dinge, die man bis zu einem Extrem führt, an diesem Punkt ins Gegenteil umschlagen. Aus extremem Yin wird Yang und aus überbetontem Yang wird Yin. Wer sehr viel arbeitet (Yang), benötigt genügend Ruhe (Yin), ein Körper, welcher zu sehr der Kälte ausgesetzt ist (Yin), entwickelt Fieber (Yang).

Die Erfahrung hat gezeigt, dass alle starren und unflexiblen Systeme, sei es in Wirtschaft, Politik oder auch in einer Partnerschaft, zum Scheitern verurteilt sind. »Das einzig Beständige ist der Wandel.«

Feng Shui und Baubiologie

Ein amerikanisches Sprichwort lautet: »Wenn du krank bist, dann ziehe aufs Land, und wenn du dann noch nicht gesund wirst, ziehe in ein Holzhaus!« Damit sind schon die beiden wesentlichsten Faktoren der Baubiologie beschrieben: Das örtliche Strahlungsklima und das Baumaterial.

Die Baubiologie hat sich zur Aufgabe gemacht, zunächst

die toxischen Substanzen in vielen konventionellen und weit verbreiteten Baustoffen, Oberflächenbehandlungsmitteln und Einrichtungsgegenständen zu analysieren. Erwähnt sei hier beispielsweise die Chemikalie Formaldehyd, die als Gas aus Spanplatten, Bauschäumen, Möbeln, Klebstoffen und Lacken entweicht und die Raumluft belastet. Formaldehyd führt bei längeren Aufenthalten in belasteten Innenräumen und ab bestimmten Konzentrationen, die in der Praxis häufig erreicht werden, zu Schleimhautreizungen an Augen und Atemwegen und kann Allergien, Lungenschäden und Kopfschmerzen verursachen.

Außer Formaldehyd existiert eine Vielzahl weiterer gasförmiger Schadstoffe, zum Beispiel Lösungsmittel in Farben, die ebenfalls hoch toxisch wirken. Insbesondere Benzol ist mittlerweile, neben anderen Chemikalien, als krebserregend in Verdacht. Neben den gasförmigen Schadstoffen bedrohen Fasern und Stäube die Gesundheit von Hausbewohnern, Handwerkern und Herstellern. Traurige Berühmtheit hat in diesem Zusammenhang die Asbestfaser erlangt, die, in die Raumluft freigesetzt und eingeatmet, eindeutig das Risiko erhöht, an Krebs der Atemwege zu erkranken. Vor allem aus Spritzasbestputz werden Asbestfasern in hoher Anzahl emittiert. Dies hat bereits zur Schließung von Kindergärten und Schulen und sehr teuren Sanierungsmaßnahmen geführt.

Ferner wurden bis vor kurzem vielen Holzschutzmitteln PCP (Pentachlorphenol) und Lindan (Hexachlorcyclohexan) beigemengt, obwohl die gesundheitsgefährdende Wirkung dieser Mittel nicht auszuschließen war.

Neben diesen eindeutig auf Hausgifte zurückzuführenden Krankheiten nehmen Allergien – besonders bei Kindern – fast epidemisch zu. Es besteht der begründete Verdacht, dass hier ebenfalls die Belastung von Innenräumen mit Schadstoffen aus Baustoffen eine entscheidende Rolle spielt.

Wohngifte unmittelbar im Körper nachzuweisen, ist sehr

schwierig. Woran liegt das? Nun, das Gefährliche an ihnen ist, dass sie unbemerkt in den Körper gelangen, sich dort ablagern und erst viel später ihre Wirkung zeigen. Ein besonders schwierig zu überschauendes Problem ergibt sich aus der Kombinationswirkung von verschiedenen Schadstoffen. Hierbei können sich Schadstoffverbindungen ganz neuer Art bilden, deren Zusammensetzung, vor allem aber deren Wirkung auf den menschlichen Organismus nicht eindeutig zu klären ist.

Immer mehr Menschen wollen auch innerhalb ihrer vier Wände möglichst gesund leben und sind bereit, dafür Verantwortung zu tragen, indem sie sich für gesundheitsverträgliche Baustoffe, Oberflächenbehandlungsmittel, Möbel etc. entscheiden und nicht erst die späteren Aktionen von offiziellen »Gesundheitswächtern« abwarten. Die Baubiologie zeigt heute eine Fülle von Alternativen auf, sodass es nicht mehr schwierig und teuer ist, mit gesunden Baustoffen zu bauen und sich weitgehend giftfrei einzurichten.

Dass aber ein baubiologisches Haus allein noch nicht die Gewähr für bleibende Gesundheit gibt, wird evident, wenn manche Bewohner sich in solchen Häusern immer noch nicht wohl fühlen und über vielerlei Unpässlichkeiten klagen. Hier verhält es sich ähnlich wie mit der biologischen Vollwertkost. Es ist wichtig und notwendig, sich gesund und vollwertig zu ernähren, aber wenn psychische Probleme, Konflikte und Spannungen bestehen, die nicht gelöst werden, treten trotzdem körperliche Beschwerden auf. Deshalb sollte man das amerikanische Sprichwort erweitern und sagen: »Wenn du krank bist, dann ziehe aufs Land, und wenn du dann noch nicht gesund wirst, ziehe in ein baubiologisches Haus, und wenn du dich dann immer noch nicht guter Gesundheit erfreust, dann ziehe in ein baubiologisches Haus, das nach Feng-Shui-Richtlinien erstellt wurde.« Denn Feng Shui ist kompetent hinsichtlich der Psyche des Bewohners, geht auf dessen Individualität ein, zeigt auf, was spezifisch für ihn gut ist und welche Maßnahmen er ergreifen muss, damit er sich wohl fühlt.

Damit erweitert Feng Shui die Baubiologie um eine ganz entscheidende Dimension. Wenn Baubiologie und Feng Shui eine Synthese eingehen, ist ein großer Schritt zu mehr Ganzheitlichkeit beim Bauen und Wohnen getan. Die Baubiologie ist zuständig für die gesunden Baustoffe, also für die Bausubstanz, für den Baukörper. Sie beugt ungünstigen Einwirkungen auf den Organismus vor. Feng Shui ist zuständig für die Seele des Hauses, für die Wirkungen von Grundriß, Farben, Einrichtungsgegenständen etc. auf die Psyche des Menschen. Es zeigt Lösungsmöglichkeiten auf, die für mehr Harmonie in der Gefühlswelt des Bewohners sorgen.

Unterirdische Wasseradern

Ein absoluter Boom hat sich in den vergangenen Jahren im Bereich der Radiästhesie entwickelt. Kaum ein Bauherr, welcher nicht den einen oder anderen Wünschelrutengänger auf sein Grundstück holt, um festzustellen, wo die unterirdischen »Störzonen« verlaufen. Auch lassen viele verzweifelte Menschen ihren Schlafplatz auf Wasseradern, Verwerfungen oder Hartmann- und Currygitter untersuchen. Interessanterweise entdecken immer mehr Menschen ihre eigene »Fühligkeit« im Umgang mit Pendel oder Rute. Und es scheint erdrückende Beweise dafür zu geben, dass diese unterirdischen Energieströme an der Entstehung von Krankheiten beteiligt sind.

Sind diese »Störzonen« nun wirklich schuld an den Erkrankungen? Ist die Sache tatsächlich so einfach, dass es ausreicht, sich lediglich einen anderen Schlafplatz zu suchen? Sind denn nicht wir Menschen selber ebenfalls beteiligt? ... Fragen über Fragen zu einem sehr kontroversen Thema.

Lassen wir daher Fakten sprechen: Es stimmt durchaus, wenn »fühlige« Menschen berichten, dass sie mit Hilfe von Rute oder Pendel über bestimmten Energiefeldern eine Reak-

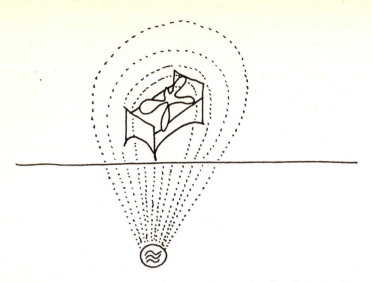

Viele Menschen reagieren auf Wasseradern und andere Störenergien.

tion in Form eines Ausschlags, einer Pendel- oder Drehbewegung bekommen. Diese kann so stark sein, dass es selbst bei stärkster Willensanstrengung unmöglich wird, das Werkzeug ruhig zu halten. Es müssen also teilweise sehr starke unsichtbare Energiefelder vorhanden sein, welche durch die Rute oder das Pendel, sozusagen als verlängerter Arm des Menschen, sichtbar gemacht werden.

Es stimmt übrigens ebenfalls, dass die Schlafplätze von Menschen mit schweren Krankheiten überdurchschnittlich oft über einer Wasserader oder anderen Störzonen liegen.

Es ist ebenfalls richtig, dass sich viele Menschen nach dem Umstellen ihres Bettes sofort besser fühlen, vielleicht sogar für eine Weile endlich wieder schlafen können.

Aus dieser Hoffnung heraus hatten mittlerweile sehr viele Wohnungs- oder Hausbesitzer einmal oder öfter einen Pendler oder Radiästheten im Haus, um die Störzonen aufzuspüren.

Wenn dies tatsächlich die Ursache aller Probleme beseitigt hätte, dann müsste sich mittlerweile zwangsläufig eine dramatische Verbesserung oder zumindest eine nachhaltige Stabilisierung der allgemeinen Volksgesundheit ergeben haben. Doch genau das Gegenteil ist der Fall – wir Menschen werden immer kränker! Zur Verblüffung vieler Experten ergibt eine Nachuntersuchung bereits einige Wochen nach dem Umstellen des Bettes immer mal wieder, dass unter dem neuen – vorher störungsfreien – Bettplatz nun, kurze Zeit danach, seltsamerweise eine vorher nicht vorhandene »Störenergie« aufzuspüren ist.

Das Haus als Spiegel der Seele

Aus der Psychologie ist bekannt, dass wir immer genau den Menschen als Partner anziehen, welcher zu uns passt. Dies muss nicht bedeuten, dass wir mit dieser Situation einverstanden oder glücklich sein werden. Im anderen erhalten wir aber den idealen Spiegel, welcher uns hilft, die eigenen Lernaufgaben des Lebens zu begreifen.

Dieses *Gesetz der Resonanz* bedeutet, dass wir immer das erleben, was mit uns in Beziehung steht. Scheinbar magisch begegnen wir den jeweils passenden Situationen, Plätzen oder Menschen und werden dadurch – leider oder Gott sei Dank – permanent mit uns selber konfrontiert. Dies bedeutet aber auch, dass sich keine Krankheit, kein Leiden, kein Unfall zufällig bei uns einstellt, sondern sich nur manifestieren kann, weil wir dazu in Resonanz stehen, das heißt sie gewissermaßen sogar einladen.

Jeder Erdenbürger zieht, ohne Ausnahme, das zu ihm passende Umfeld an. Dazu zählen auch das Haus, die Wohnung, der Arbeitsplatz, die Wasserader und der unfreundliche Nachbar. Wir gestalten täglich unsere eigene Welt. Dies geschieht jedoch meist unbewusst und unfreiwilliger, als uns lieb ist.

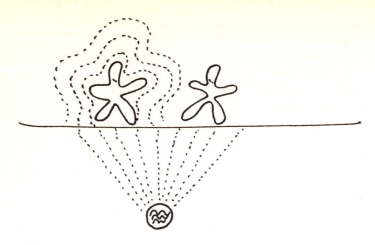

Die persönliche Veranlagung entscheidet, ob eine Störzone krank macht oder nicht.

Übersetzt auf unsere Frage zu der Wirksamkeit so genannter Störzonen bedeutet dies: Selbstverständlich sind diese energetisch wirksam und potentiell schwächend. Dennoch finden nur jene Menschen belastende Störzonen in ihrer Wohnung vor, die dieses Thema in sich tragen, das heißt eine entsprechende Resonanz haben. Außerdem wird jeder von uns, entsprechend der individuellen Veranlagung, darauf reagieren oder auch nicht.

Es wäre daher fatal, die Schuld für persönliche Probleme oder Krankheiten nur auf äußere Ursachen zu schieben. Unsere Erfindungsgabe ist ja bekanntermaßen unerschöpflich, und kein Vorwand ist uns zu dumm, wenn er nur hilft, über unsere Eigenverantwortlichkeit hinwegzutäuschen. Und so suchen wir allzu gern die Sündenböcke außerhalb von uns und zwar überall dort, wo es gerade plausibel erscheint. Dies können Menschen, Plätze, die Politik, die Umweltverschmutzung, die Wirtschaftslage oder auch eine »Störzone« sein.

Aus diesem Grund kann ein Umstellen des Bettes nur dann

eine bleibende Verbesserung bringen, wenn auch wir als Mensch beginnen, uns zu verändern. Dies erfordert ein Weitergehen in die eigene Tiefe, denn solange wir in der äußeren, materiellen Welt verhaftet bleiben, versäumen wir die wesentlichste Dimension.

Ganzheitliches Feng Shui setzt genau an diesem Punkt an, denn wer die Symbolsprache der äußeren Welt versteht, kann sein Potential, seine Stärken und seine zukünftigen Entwicklungschancen besser wahrnehmen und fördern.

Alles ist mit allem verbunden

Alles Lebendige steht miteinander in Beziehung. Was manchmal als Intuition oder ein »seltsames Gefühl« in unser Leben tritt, kann nur deswegen geschehen, weil wir uns auf energetischer Ebene in die jeweilige Information »einklinken«. Oder ist es Ihnen nicht auch schon mal passiert, dass Sie bereits vor dem Läuten des Telefons wussten, wer anrufen wird?

Dieses Phänomen beschreibt der Mikrobiologe Rupert Sheldrake recht ausführlich in seiner These der *Morphogenetischen Felder*. Darin erläutert er, wie alle Dinge miteinander in Verbindung stehen und wie jede Veränderung im Kleinen auch das große Ganze beeinflusst.

Ständig werden wir von einer Vielzahl an Eindrücken, Impulsen und Energien bombardiert. Daher müssen wir, heute mehr denn je, lernen, das eigene Chi zu stärken und zu zentrieren. Nur dann sind wir in der Lage, stabil durch das Leben zu gehen und unsere wahre Aufgabe zu leben.

Auch Gedankenkraft ist Energie

Was die Macht der von unserem Gehirn ausgestrahlten Gedanken betrifft, kennen wir alle, dass sich Meinungen, Ängste oder Erwartungen immer wieder bestätigen. Denn alles, was wir als Gedanken (Energie) aussenden, kommt verstärkt wieder zurück. Leider geschieht dies meist zeitversetzt, weshalb wir den Zusammenhang unserer selbstgesetzten Ursachen (Gedanken) und deren Wirkung (Ereignisse) oft nicht mehr erkennen.

Was erfolgreiche Sportler oder Manager von anderen unterscheidet, ist, dass sie ihr geistiges Potential besser einsetzen. Sie bündeln ihre Energie besser in Richtung des großen Sieges.

Was geschieht jedoch, wenn sich jemand vorwiegend mit belastenden Dingen beschäftigt? Negativdenker bekommen immer ihre Bestätigung für die »Schlechtheit der Welt«. Schließlich nehmen sie, wie durch einen Filter, nur noch das wahr, was sie selbst erwarten. Außerdem können sie mit einer solchen negativen Einstellung tatsächlich Problemsituationen anziehen – wie das Beispiel mit den besorgten Eltern zeigt, die ihrem Kind am Kinderspielplatz laufend zurufen, es solle Acht geben und ja nicht von der Schaukel fallen. Solche Kinder sind am unfallgefährdetsten. Umgekehrt erleben Positivdenker die Welt viel optimistischer, leben nachweislich gesünder und wissen auch wesentlich öfter über erfreuliche Erlebnisse zu berichten.

Auch erfahrenen Feng-Shui-Beratern wird meist erst im Laufe vieler Beratungen klar, warum Häuser, in denen ganz streng nach baubiologischen und »gesunden« Kriterien gebaut wurde, für die Bewohner oft zu katastrophalen Problemen führen. Die Aufmerksamkeit war einseitig darauf ausgerichtet, Störungen und Schadstoffe zu vermeiden. Nach dem Resonanzgesetz zieht eine solche Angst, ähnlich wie ein Magnet, andere

Gedanken sind starke Energie. Mit ihnen erschaffen Sie Ihre Umwelt täglich aufs Neue.

(versteckte) Auslöser von Belastung an. So kann es geschehen, dass zwar sehr gute Baumaterialien verwendet wurden und auf störzonenfreie Schlafplätze Wert gelegt wurde, aber nun dennoch Probleme auftauchen, sei es, dass der Nachbar lärmt, die Behörde überraschend Probleme macht oder beispielsweise ein massiver Wassereinbruch die Harmonie stört. Vielleicht ist aber auch im Grundriß des Hauses die Quelle der Unruhe verborgen. Dieses Phänomen entspricht übrigens ebenfalls dem vorhin erwähnten Yin-Yang-Prinzip, da jedes Extrem automatisch das Gegenteil hervorruft.

Wahrscheinlich haben Sie schon davon gehört, dass negative Gedanken krank machen können. Wussten Sie jedoch, dass selbst der Atem von solchen Negativdenkern giftig ist?

Der japanische Wissenschaftler Dr. Kaths analysierte die ausgeatmete Luft von verschiedenen Menschen. Der kondensierte Hauch zeigte sich bei fröhlichen Zeitgenossen in einem wunderschönen Lavendelblau oder Weiß-Gold. Traurige, ärgerliche und frustrierte Menschen hatten eine graue Atemfarbe, und bei brutalen, selbstsüchtigen Testpersonen zeigte sich gar ein Dunkelbraun bis Schwarz. Wurde diese dunkle Flüssigkeit Mäusen und Schweinen gespritzt, waren sie innerhalb weniger Minuten tot. Wurde den Tieren jedoch die helle Flüssigkeit gespritzt, blieben sie gesund.

Wie oft lassen Sie zu, dass belastende Gedanken Ihr Leben vergiften? Wäre nicht im umgekehrten Sinn jeder aufbauende Gedanke ein Beitrag zur Verbesserung unserer Welt?

Meine Einstellung ist entscheidend

Feng Shui bedeutet wörtlich übersetzt *Wind und Wasser*. Diese symbolische Umschreibung dafür, dass letztlich alles in unserem Umfeld fließende Energie (wie Wind und Wasser) ist, gibt uns auch schon den entscheidenden Hinweis, wie wir die Herausforderungen unserer Wohnung (unseres Lebens) anzugehen haben. Genauso wie sich Wind und Wasser völlig ohne Wertung bewegen, sollten auch wir allem, was uns begegnet, offen gegenüberstehen.

Wenn wir uns fragen, was es wohl beispielsweise bedeuten mag, nun bereits den dritten Wasserrohrbruch in Folge »angezogen« zu haben, können wir beginnen, die dahinterliegende Botschaft zu begreifen. Somit wird aus einem scheinbaren Übel eine wertvolle Chance und Lernmöglichkeit.

Verantwortung

Es scheint unserer Zeitqualität zu entsprechen, dass wir immer intensiver nach schnellen und einfachen »Erfolgsrezepten« für alle Lebenssituationen suchen.

Selbst die Erleuchtung sollte ohne lästigen Aufwand, am besten in einem Wochenendseminar, erworben werden können. Die allgegenwärtige Werbung stärkt eifrigst diese Illusion.

Wir leben scheinbar in einer Welt des »Machbaren«. Obwohl wir vieles bewegen können, sollten bei allen Überlegungen am Anfang stets drei Grundfragen stehen:

>Darf ich?
>
>Kann ich?
>
>Soll ich?

Die Verantwortung für unser Handeln haben wir alle selbst zu tragen. Das Gesetz von *Ursache und Wirkung* fordert uns auf, beim Einsatz von Feng Shui auf Maßnahmen zu verzichten, welche auf Kosten anderer gehen. Jeder Ratschlag, jedes Wort ist ein Eingriff in das Leben der Mitmenschen und kann nicht mehr rückgängig gemacht werden.

Sagen Sie deshalb niemals: »In dieser Wohnung werden Sie nie glücklich werden«, oder: »Wenn Sie hier nicht sofort wegziehen, werden Sie ein Unglück erleben.« Nicht nur, dass Sie damit eine »selbsterfüllende Prophezeiung« erzeugen, Sie würden dem anderen auch das Recht und die Fähigkeit zur Veränderung absprechen.

Auch übereifriges »Missionieren«, Besserwisserei und eine persönlich gefärbte Betrachtungsweise haben oft mehr geschadet als geholfen. Es ist durchaus in Ordnung und auch richtig, Hilfe anzubieten, aber die Erlaubnis für kluge Ratschläge erhalten wir erst dann, wenn wir ehrlich und aktiv darum gebeten werden.

Feng Shui und verwandte Gebiete

Feng Shui ist nicht einfach nur eine abstrakte Philosophie, sondern steht mit verschiedenen anderen Lehrgebäuden und Wissenschaften in einer Wechselwirkung. Sie befruchtet und wird befruchtet. Ein guter Feng-Shui-Berater verfügt auch über ein Grundwissen von anderen Wissensgebieten, um

- sich besser auf seinen Klienten einstellen zu können,
- besser erklären zu können, warum ein materieller Gegenstand oder eine Situation ungünstig wirkt,
- mehr Lösungsmöglichkeiten zu erkennen, die spezifisch auf die Individualität des Klienten zugeschnitten sind und
- um dem Klienten bei der Realisation eines schönen, ästhetischen und harmonischen Heimes erfolgreich behilflich sein zu können.

Insbesondere müssen bei der Beratung auch psychologische, soziologische, astrologische und medizinische Gesetzmäßigkeiten beachtet werden. Geschieht dies nicht, besteht die Gefahr, dass

Feng Shui nur als »exotischer« Fremdkörper in einem bestimmten Lebenskontext fungiert und deshalb nicht all die positiven Wirkungen auslösen kann, die ansonsten mit der Beachtung seiner Regeln verbunden sind.

Das Gesetz von Inhalt und Form

Das Gesetz von Inhalt und Form besagt, dass jede Anlage, jede Fähigkeit und jedes Talent eines Menschen aus einem Inhalt und einer Form bestehen. So können Gefühle, Gedanken, Vorstellungen, geistige Einstellungen, Pläne, Programme, Ideologien und Weltanschauungen auch in der äußeren Welt zum Ausdruck kommen. Dabei ist es wichtig, die Form zu finden, die dem Inhalt, also den eigenen Gefühlen und dem eigenen geistigen Gut gemäß ist. Besteht eine Diskrepanz zwischen Inhalt und Form, so führt dies zu mannigfaltigen Schicksalserscheinungen, wie das Beispiel von Fred A. deutlich aufzeigt.

Die geistige Gesinnung von Fred A. war progressiv, modern und aufgeschlossen, er lebte aber aus Sparsamkeitsgründen in alten ererbten Möbeln. Die Folge war, dass die düstere und traurige Atmosphäre, die diese Möbel verbreiteten, ihn in seiner seelischen Grundstimmung negativ beeinflusste und sich zudem ungünstig auf den Partneranziehungsmechanismus auswirkte. Dadurch, dass Fred nicht in der Lage war, die passende Form für seine Inhalte zu finden, zog er unpassende Partner und Freunde an sowie Menschen, die ihn falsch einschätzten und die seine eigene Diskrepanz außen widerspiegelten.

Wer in einer Diskrepanz zwischen Inhalt und Form lebt, lädt zu falschen Projektionen ein, das heißt, die Mitmenschen können den Betreffenden meist nur über seine Formen erkennen und schließen von den Formen auf seine Inhalte. Wenn die Formen aber den Inhalten nicht entsprechen, sind viele Interpretationen, die diese Person betreffen, falsch. So kann es sein, dass man glaubt, der betreffende Mensch wäre einem ähnlich, und die Täuschung wird oft erst nach Jahren evident. Deshalb hört man nur zu oft: Du hast mich so enttäuscht. Doch in Wirklichkeit hat der eine nur eine falsche Form gewählt und der andere falsche Rückschlüsse daraus gezogen.

Die große Lebensschwierigkeit liegt darin, dass die meisten Menschen nicht um ihre wertvollen Anlagen, Potentiale und Möglichkeiten wissen. Daher geben sie sich mit oft widrigen Umständen in ihrem Leben zufrieden. Sie haben meist wenig wirklich echte seelische Liebe und Wärme, Geborgenheit, Freundschaft und sexuelles Glück kennen gelernt und vermissen dies alles nicht, weil gekaufte Formen und Symbole eine Ersatzfunktion übernehmen und ihre Defizite auffüllen. Sie erkennen nicht, dass viele Formen und Symbole nur Projektionen von verdrängten Energien, Anlagen und Fähigkeiten sind, und dass sie darin nur ein Ersatzglück erleben, weil ihnen das andere Glück, das Glück der Entfaltung von echter Lebendigkeit, von Leben und Erleben, verwehrt ist.

So steht das Fernsehgerät unter anderem nur als Symbol und Gleichnis für eigene verdrängte Phantasie sowie für verdrängte Selbstverwirklichung. Die verschiedenen Fernsehprogramme repräsentieren ersatzweise die fehlenden eigenen Lebensprogramme. Da im eigenen Leben keine freudige Spannung und Erregung vorherrscht, wird Spannung pervertiert in Kriminalromanen und Fernsehkrimis erlebt.

Sind beispielsweise ein Paragleiter, ein Jeep vor der Haustüre, abstrakte Gemälde oder Aufsehen erregende Kleidung tatsächlich Formen für einen modernen, außergewöhnlichen Menschen, oder stellen sie nicht eher Formen für nicht gelebte Freiheit und Unabhängigkeit und für unverwirklichte Individualität dar?

Wann ist das Symbol also eine Form ohne Inhalt, und wann ist es eine Spiegelung gewachsener seelischer und geistiger Inhalte? Wann stärkt eine äußere Form, ein Symbol einen Inhalt, und wann schwächt es den psychischen Organismus eines Menschen?

Die Bedeutung von Symbolen

Stärkt ein Kaktus auf dem Fenstersims die Durchsetzung einer Person oder schwächt er diese eher? Nach der Lehre des Feng Shui sind scharfe Ecken und Kanten oder Pflanzen mit spitzen Blättern nicht besonders günstig. Das Unbewusste des Bewohners reagiert hier mit Unsicherheit und Angst oder empfindet diese Spitzen als Bedrohung. Sind Kakteen mit ihren Stacheln nicht auch nach denselben Kriterien zu bewerten? So kann ein Kaktus die Materialisation einer verdrängten Durchsetzung, aber auch einer verdrängten Aggression darstellen.

Tatsache ist, dass sich besonders diejenigen Menschen von Kakteen magisch angezogen fühlen, die an Durchsetzungsschwäche leiden oder ein sehr starkes Potential an verdrängter Aggression in ihrem Unbewussten beherbergen. Ein Kaktus verstärkt die Durchsetzungsschwäche, wenn man ihn unbewusst, das heißt ohne seine Symbolik zu kennen, im Raum platziert und insbesondere dann, wenn er an einem Platz steht, an dem er den Bewohnern mit seinen Stacheln gefährlich werden kann. Weiß man aber, dass er als Symbol für Durchsetzung und Selbstbehauptung fungiert, dann stellt er eine permanente *Erinnerung* dar, diese Anlage und Fähigkeit auszuleben und einzusetzen. In diesem Fall stärkt ein Kaktus dieses Lebensprinzip (positive Verstärkung).

Symbolisch steht der Kaktus unter anderem auch für die Fähigkeit, Wasser zu speichern, so dass er selbst in kargen Zeiten überleben kann. Da Wasser nach der Feng-Shui-Lehre im übertragenen Sinne mit Geld in Zusammenhang steht, bedeutet dies, sparsam mit seinen Ressourcen umzugehen, um Geld nicht fortfließen zu lassen. Dasselbe gilt für ein Bild, auf dem ein Herz abgebildet ist, oder für das Anbringen eines Mobiles, das aus vielen Herzen besteht, denn ein Herz symbolisiert immer Liebe, partnerschaftliches Glück, pulsierendes Leben, Tatkraft, Engagement und Verwirklichung. Immer, wenn der Betreffende das Herz in seiner Wohnung betrachtet, »geht ihm das Herz auf«, reagiert sein in Symbolen denkendes Unbewusstes mit warmen Gefühlen.

Ein herzkranker Klient erklärte hierzu: »Ich kann kein Herz in meiner Wohnung ertragen, denn immer dann werde ich an meine Krankheit erinnert.« Doch das Herzsymbol soll ihn daran erinnern, dass sein Herz weicher werden, dass er mehr Herzlichkeit und Liebe, Spaß und Freude in sein Leben bringen sollte, dass er toleranter und großzügiger sein sollte. Es soll ihn erinnern, dass er ein Hobby ergreifen, eine Aufgabe oder ein Projekt angehen sollte, an dem sein Herz hängen kann.

Es geht also darum, ein Symbol unter anderem als »Aufhänger« zu benutzen, Aufhänger nicht nur im übertragenen Sinne, sondern auch wörtlich genommen; das heißt, man hängt tatsächlich das Symbol auf und materialisiert den Erinnerungsgedanken.

Als Gedanke wird die Erinnerung immer wieder verdrängt und oft von neuen Gedanken abgelöst, aber als Symbol ist die Materie, der Gegenstand, permanent präsent und kann nicht in Vergessenheit geraten oder verdrängt werden – er ist eine permanente Aufforderung und eine ständige Erinnerung! Insofern können also Symbole eine wertvolle Hilfe zur Bewusstwerdung darstellen, zur Bewusstwerdung von eigenen wertvollen Anlagen, aber auch von innerseelischen Spannungen und Konflikten. Voraussetzung dafür ist, die Symbolsprache zu verstehen.

Was bedeutet ein Symbol allgemein, und was bedeutet es spezifisch für den einzelnen Menschen? Was assoziiert ein Mensch bei einem Symbol und welche Bilder tauchen dabei vor seinem geistigen Auge auf? Welche Gefühle sind daran wiederum geknüpft? Welche körperlichen Reaktionen sind damit verbunden?

Das Gesetz der Wiederkehr des Verdrängten, der Affinität und der positiven und negativen Verstärkung

Die Verdrängung gehört zu den Abwehr- und Anpassungsmechanismen. Nach psychoanalytischer Auffassung hat diese die Funktion, übermächtige Triebansprüche und damit verbundene Handlungen, Einstellungsinhalte und Vorstellungen ohne Hinterlassen von Erinnerungen in das Unbewusste zu verlagern, so dass sie im Bewussten nicht mehr verfügbar sind. Mit der Verdrängung ist die Energie zwar nicht mehr bewusst, jedoch nicht unwirksam geworden. Ihre Dynamik kommt auf dem Wege über unbewusste Verarbeitungen, in neurotischen Symptomen zur Geltung, in körperlichen und seelischen Gesundheitsstörungen oder aber auch über den Weg der Projektion in Form von Wohn- und Partnerkonflikten.

Durch Verdrängung werden also Inhalte nicht einfach aus unserem Seelenleben gelöscht, sondern ruhen dort latent und kehren eines Tages wieder. Sie werden unbewusst projiziert auf andere Personen sowie auf materielle Gegenstände, die das verdrängte Potential symbolisieren. Dabei ist relevant, dass im Unterschied zur Freudschen Psychoanalyse nicht nur primär sexuelle Energien ins Unbewusste verdrängt werden, sondern dass *alle* menschlichen Anlagen, Energien und Fähigkeiten einem Verdrängungsprozess anheim fallen können.

Nachfolgende Übersicht soll dies etwas mehr verdeutlichen:

In der linken Spalte sehen Sie die jeweilige Anlage oder Fähigkeit, die nicht entwickelt wurde (Defizit), in der zweiten Spalte dann die aus diesem Defizit resultierenden Gefühle, in der dritten Spalte, auf welche Art und Weise die verdrängte Energie sich im Wohnbereich manifestieren kann und schließlich ganz rechts das entsprechende kosmische Prinzip, das dabei geschwächt ist.

ASTROLOGIE und FENG SHUI

Defizit an	Gefühle	Wiederkehr des Verdrängten	geschwächtes Prinzip
Durchsetzung Pionierarbeit Mut Aktivität Initiative Sport Triebentwicklung	Aggression Ärger Wut	spitze Blätter von Pflanzen (zum Beispiel Yuccapalme, Kakteen) streitende Nachbarn Bedrohung durch Dachspitzen vom Nachbarhaus scharfe Ecken und Kanten	**Mars**
Abgrenzung Sicherheit Genuss wirtschaftliche Fähigkeiten Eigenwert Revier	Gefühl der Unsicherheit	kein eigenes Zimmer Straße führt direkt auf Haus zu Nachbar, der ständig das Revier verletzt Eckhaus ungeschützte Sitzgruppe Mietwohnung (kein Eigentum) Wohnung lädt nicht zum Genießen ein Reichtumsecke ist beschnitten oder ungünstig besetzt Belästigung durch Lärm	**Venus** (**Stier**)
Information freiem Aktionsradius Ausdrucksfähigkeit	Gefühl der Beengung	beengte Wohnverhältnisse verstellte Gehwege energetische Autobahn Wohnung, die Unruhe schafft Wohnung an stark befahrener Straße viele technische Geräte keine Mobiles	**Merkur** (**Zwillinge**)

Defizit an	Gefühle	Wiederkehr des Verdrängten	geschwächtes Prinzip
Geborgenheit seelischer Wärme seelischer Eigenart eigener Identität	Gefühl der Ungeborgenheit depressive Gefühle	keine Kuschelecke Farben, die kalt wirken ungünstige Bettposition zu viele Fenster und Türen zu wenig »Weiblichkeit« in der Wohnung Küche, die nicht zum Kochen einlädt zu viel Spitzen, Plüsch und Rüschen Identifikation mit Tracht, Bauerntum, Brauchtum, Heimatpflege und Tradition ungewollte Heimatmusik aus der Nachbarschaft	Mond
Selbstverwirklichung Glanz Selbstvertrauen Großzügigkeit	Hass Bescheidenheit Stolz	zu wenig Licht (Sonne) falsche Beleuchtung zu grelles Licht zu wenig repräsentatives Wohnen zu wenig Glanz im Wohnen Wohnung strahlt keine Lebensfreude aus (zum Beispiel düstere Farben etc.)	Sonne
Zeigen der eigenen Gefühle Analyse Selbstkritik Wahrnehmung Beobachtung Arbeit, die dem eigenen Wesen gemäß ist Sauberkeit	Gefühl der Abhängigkeit	Wohnen in einer (Fabrik-) Arbeitersiedlung, Dienstwohnung Wohnung zur Miete oder Untermiete Abhängigkeit im Wohnen von anderen Personen (zum Beispiel Ehepartner) spießige Wohngegend kleinkarierte Wohnungseinrichtung Toilette ohne Fenster ungünstige Platzierung der Toilette unsaubere Wohnverhältnisse pedantische Sauberkeit	**Merkur (Jungfrau)**

Defizit an	Gefühle	Wiederkehr des Verdrängten	geschwächtes Prinzip
Ästhetik Schönheitsempfinden Harmonie Geschmack Inhalt und Form in Einklang bringen	Disharmonie	mangelnde erotische Stimmung Proportionen stimmen nicht disharmonischer Grundriss disharmonische Einrichtung eigener Geschmack konnte nicht verwirklicht werden (evtl. Fremdbestimmung durch Partner) Partnerecke ist beschnitten, verstellt oder ungünstig besetzt	**Venus (Waage)**
eigenem Konzept eigenen Vorstellungen Transformation eigenem Weg	Gefühl von Ohnmacht Gefühl, unter Druck zu stehen	Wohnort, Wohngegend oder Wohnungseinrichtung ist nicht den eigenen Vorstellungen gemäß Fremdbestimmung durch Vermieter Machtkämpfe mit Vermieter oder Nachbarn Probleme mit Hunden in der Nachbarschaft ererbte Möbel radioaktiv belastete Baustoffe Friedhof oder Bestattungsinstitut in der Nähe	Pluto

Defizit an	Gefühle	Wiederkehr des Verdrängten	geschwächtes Prinzip
Sinnfindung Bildung Weiterbildung	Gefühl der Sinnlosigkeit	zu große Wohnung Wohnung im Ausland kaum Bücher in der Wohnung Belästigung durch Kirchenglocken Wohnung ist gefüllt mit religiösen Gegenständen Wohnung ist voller Reiseandenken beziehungsweise voller Gegenstände aus fremden Kulturen klassische Musik oder Opern- und Operettenklänge aus der Nachbarschaft Wissensecke ist beschnitten oder ungünstig besetzt	**Jupiter**
eigenen Lebensrechten Verantwortung eigenen Zielen Ordnung Konzentration	Schuldgefühle Schamgefühle	Wohnung, mit der man sich schämt Rechtsstreitigkeiten mit Vermieter oder Nachbarn der Bereich »Karriere« in der Wohnung liegt ungünstig oder ist verstellt normgemäßer (08/15) Grundriss strenge Hausordnung alte Möbel dunkle Räume zu kleine Wohnung Enge im Wohnbereich	**Saturn**

Defizit an	Gefühle	Wiederkehr des Verdrängten	geschwächtes Prinzip
Freiheit Unabhängigkeit Abwechslung	Unfreiheit Nervosität Aufregung Stress	Wohnung liegt in Einflugschneise, ist Fluglärm ausgesetzt Dachgeschosswohnung drückt durch Schrägen und Balken Irritationen durch Lärm aller Art ständiges Umräumen in der Wohnung häufige Umzüge Wohnung strahlt Unruhe aus Wohnung gleicht dem Land »Utopia« (futuristische Wohnung) Plastikmöbel Metallmöbel dem Elektrosmog ausgesetzt	Uranus
Phantasie Aufdeckung von Hintergründen Auflösung von Althergebrachtem Alternativen	Angst Schwäche	Pilzbefall der Wohnung Ungeziefer Wasseradern Hausschwamm Einödhof feuchte Wände Wasserrohrbrüche Wohnen im asozialen Milieu Wohnung ist verseucht durch Giftstoffe verschiedenster Art (Asbest, Formaldehyd etc.)	Neptun

Sollten Sie in der dritten Spalte das eine oder andere Ihrer persönlichen Wohnprobleme erkennen, so können Sie daraus Ihre noch brachliegenden Entwicklungspotentiale ableiten.

Derjenige, der aufgrund von nicht gelebten Anlagen ungute Gefühle entwickelt, sucht fast magisch die entsprechenden Wohnsituationen und -konflikte auf. Er möchte vielleicht gerne eine ganz andere Wohnung haben, aber er bekommt nur diejenige, mit der er seelisch verwandt ist (Gesetz der Affinität). Ein Immobilienmakler drückte dies so aus: »Jeder kommt dorthin, wo er hingehört, wo sein Platz ist. Meine Aufgabe besteht darin, ihm bei der Suche nach diesem Platz behilflich zu sein.« Doch es ist oft paradox: Es ist sein Platz, und doch ist er es nicht. Die »falsche« Wohnung ist die »richtige« und die »richtige« Wohnung ist für ihn die »falsche«; denn jeder findet nur die Wohnung, die seiner derzeitigen finanziellen Situation, seiner Gefühlslage und seinem Entwicklungsstand entspricht. Doch fast jeder wünscht sich die vollkommene Wohnsituation, also eine Wohnung, bei der alles stimmt, bei der alle seine Wohnbedürfnisse optimal gestillt werden. Deshalb bleibt oft nichts anderes übrig als Kompromisse zu schließen. So wie es die »eierlegende Wollmilchsau« nicht gibt, so gibt es auch nicht die perfekte, vollkommene Wohnung.

Betrachten wir – um es zu verdeutlichen – noch einmal die Übersicht auf den Seiten 36–40, die auf die Beziehung zwischen Gefühlen und Wohnsituation hinweist. Wer ständig unter Gefühlen der Beengung leidet, sucht demnach beengte Wohnverhältnisse auf. Wer in sich Unruhe und Spannung spürt, wird eine Wohnung »anziehen«, die Unruhe ausstrahlt oder die starkem Lärm ausgesetzt ist.

Hier kommen zusätzlich das Gesetz der Affinität (wie innen, so außen) und das Gesetz der positiven und negativen Verstärkung zum Tragen. An unseren zwei Beispielen lässt sich das Gesetz der negativen Verstärkung erkennen.

Weil Gefühle der Beengung, deshalb Aufsuchen von beengten Wohnverhältnissen, weil beengte Wohnverhältnisse, deshalb eine Verstärkung der Beengungsgefühle. Ein Circulus vitiosus also, aus dem es kaum ein Entrinnen gibt, solange man diesen Mechanismus nicht durchschaut und nicht versucht hat, seine Gefühle umzupolen. Ist dies schließlich gelungen, sieht die Situation völlig anders aus:

Weil man mehr innere Freiheit und Unabhängigkeit erreicht hat, gewinnt man auch eine Affinität zu einer Wohnung, in der man sich frei und unabhängig fühlen kann. Weil man in sich selbst geborgen ist, bekommt man auch eine Wohnung, in der man sich geborgen fühlen kann. In diesen Fällen haben wir es also mit dem Gesetz der positiven Verstärkung zu tun. Im Grunde ist es ganz einfach. Es bestätigt sich der Satz: Wer hat, dem wird gegeben, und wer wenig hat, dem wird das wenige noch weggenommen.

Deshalb ist es so wichtig, dass es uns gelingt, unsere wertvollen Anlagen und Fähigkeiten auszubilden und einzusetzen – damit wir in den Genuß der positiven Verstärkung gelangen, damit wir all das bekommen können, was wir uns schon immer erträumt und ersehnt haben.

Feng Shui und Astrologie

Jeder, der Feng Shui betreibt, sollte auch über ein astrologisches Grundwissen verfügen, und jeder Astrologe sollte sich mit Feng Shui befassen. Warum?

Astrologie fördert das analoge und symbolische Denken. Feng Shui arbeitet mit den Symbolen, setzt sie ein, um die Wohn- und Lebenssituation eines Menschen zu verbessern. Da die Gestirnskonstellation zum Zeitpunkt der Geburt ein (symbolisches) Gleichnis (Makrokosmos – Mikrokosmos) für die psychische Struktur eines Menschen darstellt, führt die Astrologie zur Identitätsfindung. Feng Shui hingegen fördert den Ausdruck dieser Identität in der Außenwelt.

Ein guter Astrologe sagt seinem Klienten nur das, was dieser ohnehin schon immer fühlte, es sich aber aufgrund von Moral und Konvention, aufgrund von Sachzwängen und Normen nie zu denken, geschweige denn zu verwirklichen getraute. Auch ein guter Feng-Shui-Berater lenkt seinen Klienten zum Wahrnehmen seiner inneren Stimme, die ihm zuverlässig sagt, welches Umfeld ihm guttut und wann und wo das nicht der Fall ist.

Immer wieder hören sowohl Astrologen als auch Feng-Shui-Berater Sätze wie: Ich habe es eigentlich schon immer gewusst, aber ich habe nie meiner inneren Stimme vertraut, habe mich immer wieder von anderen Menschen verunsichern lassen, habe mich immer wieder nach der Norm, nach einem Ideal, nach dem Trend, nach dem Geschmack der anderen oder danach gerichtet, was mit Status, Prestige und Anerkennung verbunden war. Das ist die Krux, dass nur wenige den Mut haben, der Stimme der eigenen Natur zu lauschen, um daraus ihre Konsequenzen zu ziehen.

Astrologie und Feng Shui fungieren also als Verstärker der inneren Stimme, beziehungsweise lassen diese Stimme der Natur, die bei vielen Menschen aufgrund der Entfremdung durch die Ersatzkultur verschüttet wurde, wieder aufleben. Oft ist es auch so, dass man aufgrund der Erkenntnisse und Aussagen, die Astrologie und Feng Shui betreffen, sich wie vor den Kopf gestoßen fühlt und sich fragt: Warum bin ich da nicht von selbst darauf gekommen? Alles ist so logisch und so sonnenklar!

Es ist logisch, dass ich mich, wenn ich mit dem Rücken zur Türe sitze, unwohl fühle, es ist logisch, dass in einem Raum, in dem sich zu viele Türen befinden, keine Geborgenheit entstehen kann, es ist logisch, dass es nicht günstig sein kann, wenn ich sofort nach dem Betreten der Wohnung auf die Toilettentüre stoße...

Feng Shui und Psychosomatik

Die meisten Menschen sind sich ihrer Wohnbedürfnisse nicht bewusst oder gestehen sich ihre Wünsche nicht zu. *Doch all das, was jemand im Wohnen nicht verwirklicht, wirkt schließlich gegen ihn, das heißt gegen seinen Körper, gegen seine Seele, gegen seinen Geist.*

Das Unverwirklichte belastet sein Wohlbefinden und seine Gesundheit. Wer etwa den Wunsch nach einem eigenen Raum in einer partnerschaftlichen Wohngemeinschaft nicht verwirklicht, weil er glaubt, die Norm »gemeinsames Schlafzimmer« erfüllen zu müssen oder dies dem Partner nicht zumuten zu können, hat mit negativen Kettenreaktionen zu rechnen.

Indem er verzichtet, opfert er sein Recht auf ein eigenes Revier und damit verbunden sein Recht auf Individualität, sein Recht auf Ruhe, Rückzug und Distanz, sein Recht auf Erholung und Regeneration sowie sein Recht auf eine eigene persönliche Intimsphäre. Wenn so viele Bedürfnisse nicht gestillt werden können, wird der Betreffende seelisch in die Gefilde von Unzufriedenheit, Frustration und Depression gezogen, körperlich in die Krankheit, geistig in die Irritation und Zersplitterung und partnerschaftlich langfristig in Ärger, Streit, Überdruss, Abnahme des gegenseitigen erotischen Interesses und schließlich in die Trennung oder Scheidung. Das, was man zunächst durch den Verzicht verhindern wollte, trifft schließlich im Laufe der Zeit um so verheerender und unumkehrbarer ein.

Wir haben beim Gesetz der Wiederkehr des Verdrängten gesehen, wie ungute Gefühle im Gegenzug ungute Wohnsituationen anziehen und wie schließlich wiederum Disharmonien im Wohnbereich diese negativen Gefühle bestätigen und verstärken. Die Übersicht auf Seite 45 soll den Zusammenhang zwischen negativen Gefühlen und körperlichen Krankheitssymptomen deutlich machen.

Gefühl	mögliche körperliche Reaktionen
Ärger	Kopfschmerzen, Entzündungen
Schutzlosigkeit, Unsicherheit, mangelnder Eigenwert	Hals- und Rachenbeschwerden
Enge	Bronchial- und Lungenleiden
Depression	Magenbeschwerden, Schleimhautaffektionen
Hass	Herz- und Kreislaufbeschwerden
Unterordnung, Abhängigkeit	Darmbeschwerden
Ekel, Antipathie	Nieren- und Blasenleiden
Ohnmacht	Spasmen, Sexualleiden
Sinnlosigkeit	Leberleiden, Hüftleiden
Schuld	Kreuzschmerzen, Kniebeschwerden, Wirbelsäulenleiden
Stress, Aufregung	Unfälle, Nervenleiden
Angst	Störungen der Hypophyse und der innersekretorischen Drüsen

Dass diese Aufstellung nur ein grobes Schema darstellen kann und jede Krankheit sehr viel komplexer ist, wird klar, wenn wir von den oben genannten Gefühlen das Phänomen der Angst herausgreifen. Angst ist, wie jedes Gefühl, immer ein psychosomatisches Gesamtgeschehen. Angst kann also nie isoliert, das heißt ohne gleichzeitige körperliche Reaktion in Erscheinung treten. So steht uns vielleicht der Angstschweiß auf der Stirn, oder die Hände werden feucht, es verändern sich die Herzschlagfolge, die Pulsfrequenz, der Blutdruck, die Atmung, die Magen-Darm-Tätigkeit, ja selbst der Speichelfluss. Ferner ist mit einer vermehrten Adrenalinausschüttung zu rechnen, und bei längerem Anhalten von Angst und Unsicherheit wird schließlich auch das Immunsystem geschwächt. Dadurch ist die Resistenz gegenüber eindringenden Krankheitserregern herabgesetzt, und als Folge davon können Hals- und Rachenentzündungen, Bronchitis, Schleimhautaffektionen, Blasenentzündungen oder Pilzinfektionen auftreten.

Die große Frage, die sich der Einzelne hier stellen sollte, lau-

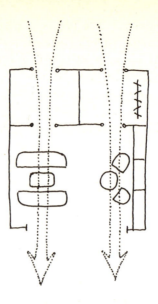

tet also: Welche Wohnsituation erzeugt oder verstärkt bei mir welches Gefühl? Und da – wie oben ausgeführt – die Somatisierung über das Gefühlsleben erfolgt: Welche Krankheiten können aufgrund dieses Gefühls auftreten? Ausschlaggebend hierfür sind vor allen Dingen Intensität und Dauer des Gefühls.

Nehmen wir den Fall von Patrick L., der sich primär in einem Wohnzimmer aufhielt, das aufgrund einer ungünstigen Möbelformation und aufgrund von zwei »durchlaufenden energetischen Autobahnen« permanent Unruhe, Unsicherheit und Angst erzeugte.

So schön große Fensterflächen auch sein mögen, sie haben einen großen Nachteil: Man findet keinen Platz, an dem man sich hundertprozentig sicher und geborgen fühlen kann, insbesondere dann nicht, wenn diesen Terrassenfenstern und -türen andere Türen gegenüberliegen, und es zu einem »energetischen Durchzug von Chi« kommt. Da Patrick L. sich stets im Durchzugsbereich aufhielt, reagierte sein noch archaisch funktionierendes Unbewusstes mit Unsicherheit und Angst. (Er verspürte diese Angst nicht bewusst, er hatte nur das Gefühl der Unruhe, was er aber nicht auf seine Wohnsituation zurückführte.) Mit Ausnahme von vier Wochen Urlaub hielt sich Patrick L. täglich durchschnittlich fünf Stunden in seinem Wohnzimmer auf. Das ergibt 365 – 28 Tage = 337 Tage x 5 Stunden = 1685 Stunden Unwohlsein, Unsicherheit und unbewusste Angst. Patrick L. litt daher ständig an Hals- und Rachenaffektionen.

So wie Patrick L. ergeht es vielen Menschen. Sie leiden unbewusst unter Wohnkonflikten. Über die psychischen und psychosomatischen Hintergründe von Partnerschaft und Liebe gibt es Tausende von Büchern, während über Psychologie und Psychosomatik des Wohnens bisher nur wenig geschrieben wurde. Dabei sind Wohnkonflikte genauso gravierend wie Partnerschaftsprobleme. Und die Wohnkonflikte nehmen aufgrund von Überbevölkerung, Landverknappung und steigenden Bau- und Mietpreisen immer weiter zu.

Nehmen wir einmal an, eine vierköpfige Familie lebt in einer Wohnung, in deren Bad (und WC) sich kein Fenster befindet, und nur über einen Schacht entlüftet werden kann. Wenn jedes Familienmitglied im Durchschnitt fünfmal pro Tag den Lichtschalter, der mit der Entlüftung gekoppelt ist, betätigt und sich durchschnittlich drei Minuten im Bad aufhält, ist in der Wohnung täglich 5 x 3 Minuten x 4 Personen = 60 Minuten = 1 Stunde das dröhnende Geräusch der Entlüftungsanlage zu hören. Auch wenn jedes Familienmitglied unterschiedlich darauf reagiert und sich unterschiedlich gestört fühlt, kann man dennoch von einer nicht unbedeutenden Beeinträchtigung der Lebensqualität sprechen. Während dieses nervenden Geräusches kann der Einzelne nicht Ruhe finden und regenerieren, tut sich schwer, klare Gedanken zu fassen und wird womöglich in seiner Kreativität und Schöpferkraft beeinträchtigt, ganz abgesehen davon, dass sich durch dieses Geräusch die seelische Stimmungslage verschlechtern kann.

Wenn man dies auf ein Jahr (= 365 Tage x 1 Stunde = 365 Stunden) und schließlich auf zehn Jahre (= 3650 Stunden mangelndes Wohlbefinden aufgrund von Lärmbelästigung) umrechnet, lässt sich daraus erkennen, wie wichtig es ist, die eigene Wahrnehmung zu schärfen und alles erdenklich Mögliche zu tun, um solche Störfaktoren auszuschalten.

Noch ein Beispiel: Ist die Diele einer Wohnung zu klein geraten, erzeugt dies bei den Bewohnern das Gefühl von Enge. Wenn jedes Familienmitglied sich täglich im Durchschnitt achtmal je zwei Minuten in diesem Raum aufhält und dabei jedes Mal das Gefühl von Enge empfindet, ergibt das im Jahr pro Person 365 x 16 Minuten = 5840 Minuten = 97 Stunden und 20 Minuten. Zunächst erscheint eine zweiminütige ungute Gefühlslage als Bagatelle, in der Summe wird die ganze Tragweite klar. Der Betreffende unterliegt also im Jahr über 97 Stunden lang (das entspricht bei einer Arbeitszeit von acht Stunden täglich mehr als zwölf Arbeitstagen!) einem reaktiven Gefühl, das die Tendenz hat, somatisiert zu werden.

Dies wirft weitere Fragen auf: Stehen dem Betreffenden ausreichend Ausgleichsmöglichkeiten zur Verfügung oder ist sein Kompensationspotential ausgereizt und erschöpft? Wenn ja, wie wirkt sich diese Situation auf andere Lebensgebiete aus? Welche Kettenreaktionen sind damit verbunden – Ungeduld in der Kindererziehung, Streitereien mit dem Partner, Schwierigkeiten im Berufsleben …? Solche Folgeerscheinungen belasten jedoch wiederum die seelische Stimmungslage und damit verbunden die Gesundheit zusätzlich.

Auch Albert und Brigitte, die seit fünf Jahren verheiratet sind, wurden Opfer von Wohnkonflikten. Ihre Ehe scheiterte nicht etwa daran, dass ihre seelischen Wesenheiten oder ihre Interessengebiete zu verschieden gewesen wären, sondern an den Reaktionen ihrer Seelen auf eine nicht ihren Bedürfnissen entsprechend geschnittene Wohnung. Sie waren diesen Wirkungen ausgeliefert. Jeder handelte auf die jeweilige Reaktion des Partners innerhalb seines Musters. Brigitte reagierte auf den ungünstigen Grundriss der Wohnung mit Nörgelei und Kritiksucht. Diese Stimmungslage im Heim erzeugte jedoch bei Albert die Tendenz zu trinken. Die Trunksucht wiederum veranlasste Brigitte zu Nörgelei und Kritik – ein Circulus vitiosus.

Wenn man bedenkt, dass Brigitte auf den psychischen Druck der bevorstehenden Scheidung somatisch reagierte und sich deshalb einer Gallenblasenoperation unterziehen musste, wird deutlich, wie wichtig es ist, solche Zusammenhänge frühzeitig zu erkennen, um durch strategische Feng-Shui-Interventionen solchen Auswüchsen vorbeugen zu können.

Krankheitsvorbeugung und Gesundung durch Feng Shui

Feng Shui bedeutet nicht, dass man auf Diagnose und Therapie des Arztes verzichten kann – in vielen Fällen sind diese überlebensnotwendig –, sondern dass man fähig wird, aktiv an seinem Gesundungsprozess mitzuarbeiten. Es geht bei Feng Shui darum, nicht nur zu reagieren, sondern entsprechende Maßnahmen ergreifen zu können, die eigenen Gefühle umzupolen, sich strategisch andere Gefühle zu verschaffen als die krankmachenden. Wie soll dies geschehen? Aus der Übersicht auf Seite 45 wurde der Zusammenhang zwischen reaktiven beziehungsweise negativen Gefühlen und Krankheit deutlich. Es gilt also, diese reaktiven, unangenehmen Gefühle durch reale, angenehme Gefühle zu ersetzen, die die Gesundheit fördern und den Krankheiten vorbeugen.

Aufgabe des Feng-Shui-Beraters und seines Klienten ist es deshalb herauszufinden, wodurch die ungünstigen Gefühle, die zum Beispiel für eine Krankheit mitverantwortlich sein können, entstanden sind und durch welche Maßnahmen gesundmachende und gesunderhaltende Gefühle bewirkt werden.

	werden ersetzt durch	hat günstige Einflüsse auf
Ärger, Wut, Aggression	Gefühl von Kraft und Vitalität; Gefühl, energetisch aufgeladen zu sein	Kopf, Galle, Lebensenergie, Blut
Minderwertigkeitsgefühle, Neid, Unsicherheitsgefühl	Gefühl, wertvoll zu sein; Gefühl der Sicherheit	Hals und Rachen, Haut (als Abgrenzungsorgan), Abwehrsystem (Immunsystem)
Gefühl der Beengung, Gefühl der Kommunikationsstörung	Gefühl, einen freien Aktionsradius zu haben; Gefühl, sich frei bewegen zu können; Gefühl, kommunizieren zu können	Bronchien, Lungen, Bewegungsapparat
depressive Gefühle, Gefühle der Ungeborgenheit	Identitätsgefühl, Gefühl der Geborgenheit	Magen, Schleimhaut
Hass; Gefühl, unverwirklicht zu sein	Gefühle der Liebe und der Freude, Gefühle der Selbstsicherheit	Herz, Kreislauf
Gefühl der Unsauberkeit, Anpassungsgefühle	Gefühl der Sauberkeit	Darm, Haut (als Ausscheidungsorgan)
Gefühl der Disharmonie	Gefühl der Harmonie und der Zufriedenheit, Glücksgefühle, erotische Gefühle;	Nieren, Blase
Gefühl der Ohnmacht; Gefühl, unter Druck zu stehen	Gefühl, sich seiner selbst mächtig zu sein, Macht über sich selbst zu haben, leidenschaftliche Gefühle	Sexualsystem
Gefühl der Sinnlosigkeit	Gefühl, einen Sinn zu haben	Leber

	werden ersetzt durch	hat günstige Einflüsse auf
Schuldgefühle, Schamgefühle, Frustration	Rechtsgefühl, Verantwortungsgefühl	Knochen, Milz, Wirbelsäule
Gefühl der Unfreiheit, Gefühl der Nervosität, Aufregung, Unruhe	Gefühl, frei und unabhängig zu sein	Nervensystem
Angst, Schwächegefühl, Gefühl der Isolation	realistische Hoffnung, Vertrauen, Ganzheitsgefühl	Hypophyse, innersekretorische Drüsen

Dazu ist es erforderlich, jeden Quadratmeter der Wohnung systematisch zu beleuchten, immer unter dem Gesichtspunkt: »Welche Gefühle löst der jeweilige Teil der Wohnung in Ihnen aus?« »Welche Feng-Shui-Veränderungen sind angezeigt, um eine bessere Gefühlslage zu erreichen?«

Wenn es dem Feng-Shui-Berater gelingt, die Enge der Wohnung aufzulösen – etwa durch eine neue Platzierung der Möbel oder durch einen Spiegel, der den Raum vergrößert –, dann beeinflusst er damit auch das Bronchial- und Lungensystem, die Mandeln und das Immunsystem günstig, wenn er den energetischen Durchzug von Chi zu stoppen vermag. Der Klient sollte dabei immer sofort sagen, wie die jeweilige neue Situation auf ihn wirkt, ob sie für ihn stimmig ist oder ob sie immer noch ungute Gefühle aufkeimen lässt.

Die Wohnung oder das Haus sollten so konzipiert werden, dass damit Gefühle der Freude, der Liebe, des Glücks, der Erotik, der Stärke, der Kommunikation, der Hoffnung ausgelöst werden, also Gefühle, die die Lebensqualität steigern und die Gesundung fördern. Auch hier im positiven Bereich summieren sich die angenehm erlebten Zeiten im Laufe der Jahre und verstärken sich dadurch innerlich.

Wer täglich nur fünf Minuten Freude aufgrund eines blühenden Hibiskus empfindet oder sich nur fünf Minuten an einem

Windspiel erfreut, das symbolisch genau zu seiner Charakterstruktur passt, hat bereits 365 x 10 Minuten = 3 650 Minuten : 60 = ca. 60 Stunden angenehme Gefühle. Je mehr Segmente der Wohnung harmonisiert und schön gestaltet werden, je mehr Problemzonen entschärft und je mehr in allen Räumen Stück für Stück der eigene Geschmack und damit das gesamte eigene Wesen ausgedrückt werden können, desto potenzierter vermehren sich die Stunden des Wohlbefindens.

Wer auf diese Weise die Stunden seines Wohlbefindens verdoppeln, verdreifachen oder gar verzehnfachen kann, betreibt nicht nur aktive Gesundheitsvorsorge, sondern setzt auch eine positive Kettenreaktion in Gang. Wer in seiner Wohnung seine individuelle Persönlichkeit auszudrücken vermag und durch äußere Formen eine Bestätigung und Verstärkung erreicht, setzt damit etwas in Bewegung. Aufgrund der Vernetzung der Energien werden auch andere Persönlichkeitsanteile und Lebensbereiche angesprochen, so zum Beispiel Partnerschaft oder Berufsleben.

In seiner eigenen Wohnung hat jeder die Möglichkeit, etwas positiv zu verändern, sie so zu gestalten, dass man sich wohl fühlt. Diese Möglichkeiten hat man dagegen nicht immer beziehungsweise nur begrenzt innerhalb einer Partnerschaft oder im Berufsleben. Auf diesen Lebensgebieten ist man zu sehr abhängig von den Reaktionen anderer Menschen. Hinzu kommt, dass das Wissen um Feng Shui mehr als andere Wissensgebiete dazu auffordert, auch wirklich etwas zu tun, ja fast zum Handeln zwingt. Hier gilt der Satz: Wer selbst handelt, wird weniger behandelt.

Feng Shui im Außenbereich

Wer oder was beeinflusst Ihr Leben?

Haben Sie sich auch schon bei der Frage ertappt, warum manchen Menschen das Glück scheinbar in den Schoß fällt, während andere ein Leben in Anstrengung und Disharmonie führen? Diese Frage lässt sich nur aus einer gesamtheitlichen Sichtweise heraus beantworten. Schließlich sind es unzählige Faktoren, welche laufend unser Leben prägen. Wer oder was beeinflusst nun unser persönliches Chi?

Bevor Sie weiterlesen, nehmen Sie ein Blatt Papier zur Hand und erstellen Sie eine kurze Liste all jener Faktoren, welche Ihrer Meinung nach auf Ihr Leben einen besonderen Einfluss ausüben. Ordnen Sie alle Punkte nach ihrer Wichtigkeit.

Faktoren, die unser Leben beeinflussen (nach Bedeutung geordnet):

Ich selbst

Ich entscheide laufend selbst, was ich in mir aufnehme, sei es als Nahrung, Glaubenssatz oder Gedanke. Opfer bin ich nur, wenn ich es zulasse; ich kann durch meine Einstellung so ziemlich alles überwinden und aus jeder Schwäche eine Stärke machen.

*Andere Menschen und das Umfeld beeinflussen uns nur so stark,
wie wir es selber erlauben.*

Andere Menschen

Solange wir die Meinung und die Stimmung anderer Menschen wichtiger nehmen als uns selbst, werden wir fremdbestimmt sein. Egal, ob die Eltern zu Besuch kommen, Sie einen Vortrag halten müssen oder Ihr Partner schlecht gelaunt ist: Lassen Sie sich nicht beeinflussen!

Das Umfeld

Alles ist Energie. Also die Umgebung genauso wie die Bauform des Hauses, Möbel und Farben ebenso wie Gerüche, Temperatur, Material oder Muster, um nur einige zu nennen. Eine schwere Figur aus Marmor in einem dunklen Raum wirkt beispielsweise anders, als wenn dasselbe Zimmer gut beleuchtet und mit vielen bunten Luftballons dekoriert wird.

Jede Zelle unseres Körpers ist Empfänger von Schwingung. Alle Materie (welche ja in ihrer Essenz nur sehr verdichtetes Chi ist) strahlt je nach Gegenstand ihr eigenes spezifisches Vibrationsfeld ab. Daher ist auch unsere innere Beziehung zu jedem Gegenstand eine andere. Wenn es uns aber gelingt, das eigene Energiefeld und damit unsere Ausstrahlung/Aura zu vergrößern, werden wir immer unabhängiger von äußeren Einflüssen. Unser größtes Ziel sollte die Entwicklung unserer persönlichen Energie sein, denn damit werden wir in die Lage versetzt, unseren Chi-Fluss selbst zu steuern. Erst auf diese Weise wird das Umfeld nicht mehr als Haupteinflussfaktor wirksam, sondern kann stattdessen den Lebensweg sinnvoll unterstützen.

Die Tatsache, dass wir selbst den größten Einfluss auf unser Chi haben, erklärt auch, warum bei manchen Menschen ein spezifisches Medikament gar nicht wirken kann, während bei anderen selbst ein Placebo zum gewünschten Erfolg führt. Und es verdeutlicht, warum Menschen mit starken Ängsten oder Zweifeln sämtliche Feng-Shui-Maßnahmen in ihrer Wirkung behindern können. Also: Haben Sie heute schon gelächelt? Wie oft haben Sie seit dem Morgen schon an etwas Aufbauendes gedacht?

Welche Maßnahmen fördern Chi?

»Kurz nach meiner Ausbildung erkrankte ich schwer. In dieser Zeit des Umbruchs erfuhr ich bereits sehr früh, dass im Leben andere Dinge wichtig sind, nicht nur Geld und Karriere. Sobald ich mich einigermaßen dazu im Stande fühlte, ging ich für ein Jahr nach England. Als ›Volontär‹ half ich mit, eine kleine Dorfgemeinschaft für Behinderte aufzubauen. Die Bedingungen dort waren teilweise sehr hart, doch war die Herzlichkeit und Wärme der Behinderten für mich der endgültige Impuls zur Heilung. Seit damals habe ich viele Länder bereist, und überall wo ich noch auf Reste oder Überlieferungen alter Traditionen stieß, fiel mir die große Bedeutung des ›inneren Schulungswegs‹ auf.«

In die Stille zu gehen und Kontakt mit der eigenen inneren Natur aufzunehmen, stärkt unser Chi und wird gerade für uns westliche Menschen immer wichtiger.

Anregung dazu und weitere Hilfe auf diesem Weg können wir durch bewusste Ernährung, richtige Atmung, Gedankenhygiene, Körperertüchtigung, das Einhalten regelmäßiger Ruhepausen, oder durch energieaktivierende Bewegungskünste wie Qi Gong oder Tai Chi erlangen.

Äußere Methoden

Natürlich haben auch äußere Energiemaßnahmen ihre Bedeutung, doch werden diese nur dann bestmöglich wirken, wenn wir unsere »persönlichen Hausaufgaben« gemacht haben. Nur wer sich dem Fluss des Lebens stellt, und die Feng-Shui-Maßnahmen aktiv unterstützt, indem er sich mit der Entwicklung seiner Persönlichkeit beschäftigt, wird den maximalen Nutzen erfahren, der sich aus dem Umstellen von Einrichtungsgegenständen, dem Verändern einer Wandfarbe oder dem Aufhängen eines Regenbogenkristalles ergibt.

Grundstück

Wussten Sie, dass die Veränderung einer Grundstücksform auch einen Einfluss auf das Leben und Schicksal der dort wohnenden Menschen haben kann? Ein Stück Land ist – genauso wie ein Haus oder eine Wohnung – ein lebendiger Organismus (»Alles lebt«). Als solcher gehorcht er auch ähnlichen Gesetzmäßigkeiten wie zum Beispiel unser eigener Körper. Ein fehlender Bereich wird sich früher oder später als Mangel bemerkbar machen. Ein unförmiges oder sehr einseitig geformtes Grundstück verursacht also energetische Turbulenzen, welche wiederum mit den Bewohnern in Resonanz gehen. Daher sind harmonische und geschlossene Grundstücksformen, wie Quadrate oder Rechtecke zu bevorzugen.

Die ideale Lage bzw. Orientierung ergibt sich aus der Beobachtung des Umfeldes. Gerade die idealen Feng-Shui-Bauplätze erzielen in der Regel die höchsten Quadratmeterpreise. Aus energetischer Sicht liegt ein Haus dann günstig, wenn die Front zur Sonne (in der nördlichen Hemisphäre = Süden) zeigt, und in dieser Richtung auch eine freie Aussicht besteht, idealerweise mit Blick auf Wasser. Hier wohnt der *rote Vogel*, welcher als Orientierungspunkt zum Halten der Energie dient. Ein Stein an der Grundstücksgrenze oder ein Hügel im weiteren Umfeld sind beispielsweise geeignete Hilfsmittel, um diesen optischen Ankerpunkt zu finden. Seitlich, in Richtung Ost und West, sollte sich ein moderater Schutz befinden, der *Drache* und der *Tiger*. Dies kann jeweils ein Berg, Hügel, Wald, Baum, Bach oder aber auch ein Haus, ein Betriebsgebäude oder eine stark befahrene Straße sein. Hinter dem Gebäude, sozusagen als Rückenschutz, erwarten wir uns den Panzer der *Schildkröte* als

Die Lehnstuhlposition als ideale Feng-Shui-Lage.

Drache, Tiger, Schildkröte und Vogel prägen die Energie eines Standortes.

Schutz. Beschreiben lässt sich diese perfekte Wohnlage als die »Lehnstuhlsituation«: Rücken geschützt, seitlich ein maßvoller Halt, und nach vorne offen.

Von vorne sollte auch die Hauptenergie, welche das Haus belebt, einströmen. Ist diese Richtung jedoch versperrt, zum Beispiel durch eine Mauer, so kann dies eine Blockade im Leben der Bewohner anzeigen. Oft fehlt diesen Menschen eine optimistische Zukunftsorientierung.

Ein großer Unterschied besteht auch, ob Sie unten im Tal oder oben auf der Kuppe eines Hügels wohnen. Während Sie am Gipfel mit enorm starkem, windigem und unruhigem Chi konfrontiert sind, müssen Sie unten eine eher neblige, feuchtere und vielleicht auch drückendere Qualität akzeptieren. Beides ist nicht ideal, daher suche man die goldene Mitte.

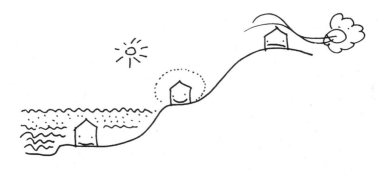

Wie finde ich das ideale Grundstück?

Eine gute Lage allein macht noch keinen guten Bauplatz. Die Frage aller Fragen daher: »Wie ist das Chi dieses Platzes beschaffen?« Eine üppig bewachsene Wiese mit reichlicher Pflanzenvielfalt, auf welcher sich auch Wildtiere wohl fühlen, hat wesentlich mehr lebensfördernde Vitalität als ein karg bewachsenes, steiniges Stück Land. Wir sollten daher ein Bauland immer selbst betreten und dessen Schwingung erspüren, denn dort möchte ich mein zukünftiges Leben verbringen. Menschen aus alten Kulturen empfehlen, sich einige Tage auf dem gewünschten Stück Land aufzuhalten, oder sogar direkt darauf zu schlafen – eine gute Gelegenheit, wieder mal das Zelt auszupacken. Beobachten Sie das Grundstück aus verschiedenen Perspektiven – auch von außen –, aber auch zu den unterschiedlichsten Tages- und Nachtzeiten. Wenn Sie sich nicht gleich entscheiden müssen, so lassen Sie auch die wechselnden Jahreszeiten auf sich wirken.

Auch das Umfeld will berücksichtigt sein. Ein großer Wald nebenan kann je nach Abstand beschützend wirken, aber genauso das Gefühl von Eingesperrtheit und Druck vermitteln. Wie weit sind Ihre zukünftigen Nachbarn entfernt? Wie sieht die Lärmbelastung aus? Erkundigen Sie sich nach geplanten Bauprojekten in der Umgebung. Straßen beispielsweise können viel Unruhe und Veränderung in eine Landschaft bringen.

Die Vorgeschichte eruieren

»Was war denn früher hier? Können Sie mir etwas über die Geschichte dieses Platzes sagen? Warum soll denn verkauft werden?«

Erfragen Sie so viele Details wie möglich, denn alle Ereignisse welche ein Platz jemals erlebt hat, sind in ihm wie in einem riesigen Speicher gesammelt. Dies ist der Grund, warum sich in manchen Häusern seltsame Ereignisse zutragen, oder warum sich immer wieder Menschen an bestimmten Plätzen extrem unwohl fühlen. In Südkalifornien gibt es ein Gesetz, welches Immobilienmakler verpflichtet, jeden Kaufinteressenten für ein Haus oder Grundstück genau über die Vorgeschichte des Platzes zu informieren, sollten außergewöhnliche Vorfälle der Grund für den Verkauf sein, beispielsweise ein Gewaltverbrechen, Selbstmord oder eine außergewöhnliche Krankheit.

Auch wir Europäer leben in einem sehr geschichtsträchtigen Umfeld, und im Laufe von Jahrhunderten haben sich immer wieder dramatische Ereignisse zugetragen. So gibt es ehemalige Schlachtfelder, Hinrichtungsstätten, Unfallstellen, und manchmal wurden auch Wohnungen auf einem aufgelassenen Friedhof oder einer alten Mülldeponie errichtet. Ganze Siedlungen können auf diese Art zu »Schicksalssiedlungen« werden, mit gehäuftem Auftreten von Spannungen, Konflikten und Ehescheidungen, oder mit gesundheitlichen Konsequenzen, weil die Menschen keine Harmonie und Ruhe in ihrem Umfeld finden. Speziell die Nächte werden in einem solchen Umfeld oft als angsterfüllt und mit Alpträumen erlebt.

So manche Orte müssen daher energetisch gereinigt werden, bevor Menschen dort hinziehen. Hierzu gibt es eine Vielzahl an Techniken, welche teilweise altüberliefert oder auch neu entwickelt wurden. Am besten, Sie erfinden Ihre eigene kleine Zeremonie, denn es geht mehr um Ihre Intention, Einstellung und Ihre Aktivität als um perfektes Nachahmen. Führen Sie eine Reinigung aber nur durch, wenn Sie ungestört sind und sich stark und zentriert fühlen.

Der Platz merkt sich Vergangenes.

Achten Sie in Zukunft ein wenig mehr auf die Qualität Ihres Umfeldes. Nicht nur Lage und Orientierung, Quadratmeterpreis und verkehrsgünstige Lage allein sind wichtige Kriterien. Nicht zu unterschätzen sind die Schwingung des Platzes, seine Ausstrahlung und auch seine Vergangenheit, denn das Fundament der Zukunft kann sich nur auf dem bereits Vorhandenen aufbauen.

Stellen Sie sich auf einem Bauplatz in etwa dort auf, wo das Haus stehen wird und beginnen Sie mit einer Analyse. Eruieren Sie die prägenden Strukturen Ihres Umfeldes, indem Sie sich auf die Suche nach *Schildkröte*, *Vogel*, *Drache* und *Tiger* machen.

Fertigen Sie eine Skizze Ihres Umfeldes an und bewerten Sie intuitiv, wie viel nährendes Chi von diesen vier Hauptrichtungen auf Ihre Wohnung einströmt.

Suchen Sie dann alle weiteren dominanten Merkmale des Umfeldes und bewerten Sie auch diese nach ihrer Mächtigkeit. Störende Einflüsse müssen neutralisiert werden, weil sie sonst schwächen könnten. Dies betrifft beispielsweise Strommasten, Sendetürme, Fabrikanlagen, Autobahnen oder Schornsteine.

Wasser

Woher kommt es, dass es uns im Urlaub bevorzugt ans Wasser zieht? Wer kennt sie nicht, die Sehnsucht nach dem Spaziergang am Meer oder die Vorfreude auf das Wochenende am Bergsee.

Das Phänomen Wasser gibt aufgrund seines außergewöhnlichen physikalischen Verhaltens Anlaß zu vielen Forschungen. Bereits im alten China wurden Wasserläufe künstlich angelegt, und auch heute noch fühlen wir instinktiv die Wichtigkeit des nassen Elementes.

Einer der wichtigsten Naturforscher unseres Jahrhunderts, der Österreicher Viktor Schauberger erkannte sehr früh die Kraft, die in lebendigem Wasser steckt. Er begann Wasser als das »Blut der Erde« zu sehen und ahnte, dass es sich in naturrichtigen Bahnen bewegen können muss, wenn es nicht verdorben werden soll. Wenn ein Wasserlauf in der unberührten Natur sich mäanderförmig bewegt und sein Ufer mit Schatten gebenden Bäumen und Büschen bewachsen ist, dann ist das kein Zufall. Das Wasser will sich so bewegen, und es baut von selbst diesen Uferschatten auf, um sich gegen das direkt einfallende Sonnenlicht zu schützen.

Wasser speichert Informationen

Wasser bildet im menschlichen Körper mit über 70 Prozent Volumen den Hauptbestandteil. Wir brauchen Wasser als lebensnotwendiges Elixier, aber es ist auch die Grundlage für Nahrung (Landwirtschaft) und Reinigung. Bereits sehr früh wurden auf dem Wasserweg Güter und Waren transportiert, was Handel ermöglichte und somit ein gewisses Maß an »Wohlstand« brachte. Auch diese Erfahrung ist im »morphogenetischen Feld« des Wassers angelegt, weshalb im Feng Shui das Wasser auch Symbol für »Reichtum« ist.

Eine interessante Beobachtung am Rande: Sehr viele wohlhabende und erfolgreiche Menschen umgeben sich auf die eine oder andere Art mit Wasser. Waren es früher bei Schlössern und Herrschaftshäusern die obligaten Springbrunnen oder Teiche, so sind es heute Swimmingpools, das Ferienhaus am See oder der sommerliche Segeltörn am Meer, der für die regelmäßige »Dosis«

Wasser nährt das Chi und symbolisiert daher auch Wohlstand.

Wasser sorgt. Auch große Konzerne bestehen, scheinbar zufällig, auf repräsentativen Springbrunnen – meist im Empfangsbereich.

Wasser will mäandrieren

Ein natürlich durch die Landschaft plätscherndes Bächlein hat eine andere Ausstrahlung, ein anderes Chi, als ein begradigter Bach.

Ganz unbewusst halten wir uns eher an einem natürlichen Bachverlauf auf als an einem begradigten Kanal, da wir dort besonders gut wieder auftanken können, weil die Luft dort mit anregenden Minus-Ionen geladen ist. Ein natürlicher Wasserlauf versorgt die Landschaft mit viel nährendem Chi, weshalb ein freier Blick auf Wasser auch als sehr heilsam angesehen wird. Dies gilt allerdings nur, wenn die innere Lebendigkeit des Wassers noch gegeben ist, das Gebäude weit genug vom Ufer entfernt ist, keine Überschwemmungsgefahr besteht und keine anderen Störfaktoren auftreten. Schließlich sollte das Gute und Förderliche nicht gleich wieder eine Palette von Belastungen nach sich ziehen.

Die Wirkung von Straßen

Ähnlich wie Bäche oder Flüsse laden auch Straßen ihr Umfeld mit Bewegungsenergie auf. Im Unterschied dazu fehlt bei Straßen jedoch jede Harmonie. Der Verkehr zerschneidet die Landschaft und produziert dabei Lärm, Gefahr und Stress.

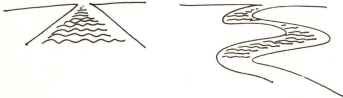

In unserer hoch technisierten Welt sind Straßen zu einem wichtigen Aspekt des Lebens geworden, und viele Häuser beziehen gar von der Straße die meiste Energie. Je schneller dort gefahren wird, und je dichter das Verkehrsaufkommen ist, umso lebensfeindlicher wird jedoch die Schwingung. Daher müssen Gebäude, die direkt an viel befahrenen Straßen liegen, noch mehr als anderswo durch eine harmonische Gestaltung des Lebensraumes für stabile und erfreuliche Gefühle sorgen.

Umleitung, Einbahn, Sackgasse

Ein Haus am Ende einer *Sackgasse* wird vom eindringenden Chi regelrecht »abgeschlossen«. Für Schutz sorgen Bäume, Sträucher, Hecken oder Wächter vor, beziehungsweise an der Hausmauer und Türe.

Außerdem sollten sich Bewohner eines solchen Hauses die Frage stellen, was in ihrem Leben »in die Sackgasse geraten ist«. Da hier kein kontinuierlicher und offener Zu- und Abfluss möglich ist, entwickelt sich eine inkonstante Lebenssituation mit großen Unbeständigkeiten und Schwankungen.

Ähnlich verhält es sich in einer *Einbahnstraße,* wo ebenfalls eine gewisse »Einseitigkeit« nicht geleugnet werden kann. Diesen Menschen fällt es manchmal schwer, andere Perspektiven (andere »Richtungen«) zu akzeptieren.

Umleitungen erinnern daran, dass der übliche (und meist direkte) Weg unterbrochen ist, und somit ein neuer Zugang (neue Ideen, neue Konzepte) erforderlich ist. Dies kann manchmal zu überraschenden Änderungen des Lebensplans führen.

»Auf meinem Weg zu Kundenberatungen gibt mir der Verkehrsfluss immer klare Zeichen darüber, wie die Beratung verlaufen wird. Es ist ein riesiger Unterschied, ob ich zügig vorankomme, oder in einen Stau gerate. Ebenfalls sehr aussagekräftig ist, ob ich mich verfahre oder scheinbar wie auf Schienen selbst

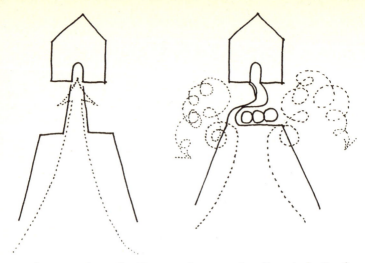

Bepflanzung schützt das Haus vor der aggressiven Energie der Straße.

zu den abgelegensten Plätzen finde.« (Anmerkung des Autors Günther Sator)

Wenn Sie in Zukunft öfter auf solche scheinbar nebensächlichen Zeichen achten, werden Sie merken, dass daraus viele wichtige Informationen geschöpft werden können, wodurch sich unter Umständen Fehler und Irrwege vermeiden lassen.

Nachbarn

Alles, was sich im Umfeld des Hauses oder der Wohnung ereignet, stellt eine energetische Information dar und verändert daher das Chi des Ortes. Im alten China gab es ein Gesetz, dass ein Haus erst dann errichtet werden durfte, wenn diejenigen Einwohner, die bereits dort wohnten, ihr Einverständnis dazu gaben. Da man ein besonderes Augenmerk auf die Erhaltung des eigenen guten Feng Shui legte, musste der Baubewerber oft

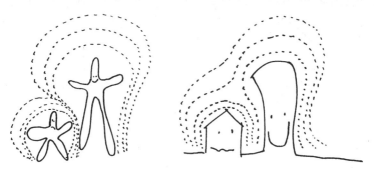

Wenn der Abstand zu klein wird, fühlen wir uns bedrängt.

komplizierte Harmonisierungsmaßnahmen durchführen. So konnte es notwendig sein, eine spezielle Trennmauer mit einer genau ermittelten Öffnung in einer Glück bringenden Richtung zu erbauen oder aber einen kleinen Tempel zu errichten, um die feinstoffliche Welt wieder zu versöhnen. Was hier wie Aberglaube klingt, lässt sich durchaus zeitgemäß begründen.

Liegen benachbarte Gebäude sehr nahe beieinander, so kann ein Gefühl der Beengung und Unfreiheit entstehen. Dieses Gefühl kennen wir auch bei Menschen, die beim Sprechen so nahe an uns herantreten, dass man am liebsten nach hinten ausweichen möchte. Dieser Mensch ist uns damit »zu nahe getreten«, das heißt, er hat sich in unser Energiefeld, unsere Aura, hineinbewegt.

Wir alle benötigen offenbar ein Mindestmaß an Platz. Typisch für das Bedürfnis nach eigenem Entfaltungsraum ist daher auch das Bedürfnis, das Grundstück zu umzäunen.

Zäune

Eine Umzäunung stellt eine energetische Grenze dar. Dies war bereits unseren Vorfahren bewusst. Die Stadtmauer stellte eine Grenzlinie dar, welche den Innenbereich (Stadt) vom äußeren Umfeld trennte.

Meterhohe Hecken oder Betonmauern haben daher den Effekt, uns zu schützen. Doch jeder Vorteil bringt auch seine Kehrseite mit sich. Viel Schutz bedeutet natürlich auch eine größere Abschottung. Es ist nicht besonders erbaulich, wenn man bei jedem Blick aus dem Fenster mit einer hohen Barriere konfrontiert wird.

Machen Sie einmal folgenden Versuch: Legen Sie – egal, ob Sie sich gerade im Schwimmbad oder in Ihrem Wohnzimmer aufhalten – zwei beliebige Gegenstände so auf den Boden, dass diese eine Art Tor markieren. Es ist dabei völlig gleichgültig, ob Sie dies mit zwei Pullovern, Blumentöpfen oder Ihren Hausschuhen durchführen. Stellen Sie sich nun auf eine Seite dieser selbstgeschaffenen Pforte und durchschreiten Sie diese aufmerksam und bewusst. Sie bewegen sich während dieses Prozesses von einer Zone »hier herüben« in einen Distrikt »dort drüben«. Was empfinden Sie dabei?

Auch Rosenbögen wirken wie ein Tor.
Sie trennen ein »Herüben« vom »Drüben«.

Wohnbedürfnisse

Meine persönlichen Wohnbedürfnisse

Der Städtebau in der zweiten Hälfte des 20. Jahrhunderts sah die einzig mögliche Lösung der Wohnprobleme von Ballungsräumen im Errichten vielgeschossiger Gebäude. Man erhöhte damit die Flächennutzung und sah darin die Möglichkeit, die hohen Grundstückskosten und den Aufwand für die Erschließung der Baugebiete auf eine entsprechend größere Zahl von Mietern umzulegen. Weiterhin bot das möglichst vielgeschossige Haus gute Voraussetzungen für eine industrielle Fertigung und für höheren technischen Komfort. Das Leben im Wohnhochhaus wurde also die Norm; differenziert wurde nach der Höhenlage der einzelnen Wohnungen – je höher, desto begehrter.

Etwas gedämpft wurde der »Höhenrausch« durch die sich mehrenden Beobachtungen eines mangelnden Wohlbefindens und durch das Ergebnis sozialmedizinischer Statistiken, nach der die Zahl der Erkrankungen mit der Zahl der Geschosse nach oben zunimmt.

Das Studium der physikalisch-biologischen Effekte zeigt, dass mit zunehmender Höhe der Häuser die physiologisch günstigen Einflüsse der Erde abgehalten werden und dass sich störende Einwirkungen, sei es aus dem Boden oder durch technische Störfelder, verstärken. Häufig wird in diesem Zusammenhang von einem »Faradayschen Käfig« gesprochen. Dem ermüdenden Einerlei in diesem Käfig versuchen die Bewohner sich durch Flucht ins Grüne zu entziehen, was wir an jedem schönen Wochenende an den Staus in die Ausflugsgebiete sehen können.

Obwohl die Wohnsituation in Hochhäusern im allgemeinen als eher trist bezeichnet werden muss, besteht die Tendenz, sich über die eigene Wohnung und das dazugehörige Umfeld positiv zu äußern. Ipsen interpretierte die weit verbreitete Zufriedenheit über die eigene Wohnsituation als Zeichen resignativer Anpassung. Das Eingeständnis, dass man in einer ausgesprochen schlechten Wohngegend lebt, dass die Wohnung vielleicht Lärm ausgesetzt, die Raumaufteilung ungünstig und das Wohngebäude baufällig und heruntergekommen ist, steht im Widerspruch zu dem Wunsch nach einem positiven Selbstbild und dem Bedürfnis nach Anerkennung. Das Ergebnis von Befragungen nach der Wohnzufriedenheit gibt also weniger die wahre Wohnzufriedenheit als vielmehr eine Wunschsituation wieder.

Grundsätzlich gilt: Je mehr die Wahlfreiheit eingeschränkt ist, um so eher ist mit resignativer Anpassung zu rechnen. Man passt sich den widrigen Umständen an, indem man etwa den Stressor neu bewertet (was leider nur im Bewussten, nicht aber im Unbewussten möglich ist!), und sich einredet, dass es ja gar nicht so schlimm sei, oder dass man sich längst daran gewöhnt habe.

Oft ist erst ein umfassendes Erfahrungswissen vonnöten, ehe man erkennen kann, welche Wohnung geeignet und passend ist und welche nicht. Auf den ersten Blick mag der großzügig geschnittene Wohnraum oder die technisch perfekt geplante Küche bestechend aussehen. Selbst das komfortabelste und weiträumigste Wohnzimmer oder die teuerste und architektonisch bis ins Detail durchdachte Küche gewährleisten noch nicht, dass man in einer solchen Wohnung zufrieden und glücklich sein wird. Doch welche Faktoren sind maßgebend dafür, ob die Bewohner sich wohl fühlen oder ob sie sich in Wohnkonflikten aufreiben?

Wichtig ist offensichtlich, dass die Wohnungen bedürfnisgerecht geplant werden – und zwar im Hinblick auf alle ihre Bewohner, also auch auf die nicht erwachsenen Haushaltsmitglieder. Wohnbaufachleute und genügend Geld bieten allein keine Gewähr für ein zufrieden stellendes Wohnen; es gehört die Berücksichtigung aller menschlichen Bedürfnisse dazu.

Es würde den Rahmen dieses Buches sprengen, auf jedes einzelne Wohnbedürfnis detailliert einzugehen. Auf den folgenden Seiten sollen aber einige Bedürfnisse herausgegriffen werden, um exemplarisch aufzuzeigen, welche Reaktionen die Nichterfüllung eines Bedürfnisses auslösen kann.

Wohnbedürfnisse

Bedürfnis nach

einem festen Bezugspunkt
Sicherheit und Schutz
Eigenraum
Vorratshaltung
Aneignung
Eigentum
einem freien Aktionsradius
Kommunikation
Ortsverbundenheit und Ortsidentität
Zugehörigkeit
Vertrautheit
Privatheit
Zusammen sein
Geborgenheit
einer Kuschelecke
Regeneration und Erholung

Ausdruck (Repräsentation)
Licht und Sonne
Selbstgestaltung
Sauberkeit
Schönheit und Ästhetik
Verwirklichung des eigenen Geschmacks
Verwirklichung von eigenen Vorstellungen
Expansion
Ordnung
Kontinuität
Distanz
Freiheit und Unabhängigkeit
einer freien (unverbaubaren) Aussicht
Alleinsein
Ruhe

Das Bedürfnis nach Ortsverbundenheit und Ortsidentität

Das Bedürfnis, sich an dem Ort, an dem man wohnt und lebt, zu Hause zu fühlen, ist eine Grundvoraussetzung für seelisches Wohlbefinden. Wenn Sie die Häuserreihe, in der Sie wohnen, entlangwandern, haben Sie dann das Gefühl: Dies ist genau der Ort, an den ich gehöre? Ich gehöre in diese Stadt, in diesen Stadtteil oder Bezirk, in diese Straße, in dieses Haus, auf diesen Platz in der Welt. Oder denken Sie: Ich gehöre nicht wirklich hierher, ich wäre eigentlich lieber ganz woanders? Ich wünschte, ich lebte wieder in meiner Heimatstadt. In diesem Zusammenhang muss unterschieden werden zwischen Ortsidentität und Ortsaffinität.

Bei der Geburt erfolgt die Wahl des Wohnorts und des entsprechenden Stadtteils unbewusst nach dem Gesetz der Affinität (seelische Verwandtschaft). Je mehr der Einzelne sich seiner seelischen Eigenart und seiner Bedürfnisse bewusst wird, umso mehr versucht er, den Wohnort und die Wohngegend frei zu wählen. Er wird dann etwa Wahl-Berliner, Wahl-Münchener oder Wahl-Wiener.

Er vergleicht das Umfeld mit seiner inneren Welt, mit seiner Identität, und entscheidet sich erst dann. Jede Stadt, jede Marktgemeinde, jedes Dorf, jede Wohngegend hat eine spezifische Ausstrahlung und erzeugt eine ganz bestimmte Stimmungslage. In einem Urlaubsort etwa herrscht eine ganz andere Stimmung als in einem Kurort oder in einer ostdeutschen Kleinstadt. Besonders gravierend wirkt sich zum Beispiel aus, wenn in dem Ort Militärtruppen stationiert sind, oder wenn eine Firma beziehungsweise ein Industriezweig die gesamte Region prägt. Ebenso entscheidend ist, welcher sozialen Schicht man sich zugehörig fühlt. Eine Familie der Oberschicht wird in einer Fabrikarbeitersiedlung große Anpassungsschwierigkeiten haben und sich dort wahrscheinlich nicht so wohl fühlen wie in einer Wohngegend, die ihrem sozialen Status entspricht. Umgekehrt hat vielleicht ein Angehöriger der Unterschicht Probleme in einer vornehmen Wohngegend, in der – für sein Empfinden – eine zu steife und sterile Atmosphäre vorherrscht. In der »Kollektivneurose« erfolgt die Einschätzung der Person unter anderem auch nach der Wohngegend, in der man sein Zuhause hat. So gibt es »gute« Adressen, aber auch Wohnanschriften, die das Sozialprestige eher schmälern. Wer sich mit diesen Wertmaßstäben identifiziert (und wer tut das nicht?), ist damit auch den Gefühlen und den Kettenreaktionen in seinem Persönlichkeitssystem ausgeliefert, die mit diesen Bewertungen gekoppelt sind.

So kann eine schlechte Wohnlage Schamgefühle hervorrufen, die in jeder Begegnungssituation immer wieder aktualisiert werden. Dies kann zur Konsequenz haben, dass dadurch etwa der Partnerwahlprozess ungünstig beeinflusst wird, oder dass dieses scheinbare Manko auf einem anderen Lebensgebiet zu einer Überkompensation führt. Diese Überkompensation wirkt wiederum störend auf die Mitmenschen, die darauf möglicherweise mit pathologischen Reaktionsmustern antworten.

Kann hingegen jemand, der beruflich und damit auch sozial aufgestiegen ist, in eine bessere Wohngegend umziehen, so wirkt sich dies positiv auf seinen Eigenwert und auf sein Selbstbewusstsein aus. Er wird dadurch in seinem neuen Status bestätigt und gestärkt. Es kann aber ebenso sein, dass die bessere Wohngegend mit neuen Zwängen verbunden ist, weil seine finanzielle Belastung aufgrund der teureren Miete höher wird, oder weil das alte Auto und »die alten Klamotten« nicht mehr dazu passen.

Obwohl jeder auf die Grundstimmung eines Ortes anders reagiert, gibt es dennoch bestimmte Grundtendenzen auf die Beeinflussung eines Bewohners dieser Gegend, und zwar sowohl in körperlicher Hinsicht als auch bezüglich seiner Seelenlage, seiner Stimmung, seiner Gefühle, Gedanken und Wünsche. Besonders deutlich wird dies, wenn aufgrund eines Ortswechsels die Heilung einer Krankheit erfolgt. Viele Menschen erfahren bereits durch einen Urlaubsaufenthalt eine gravierende Besserung ihres Leidens. Entscheidend sind dabei sowohl veränderte klimatische Bedingungen als auch die andere Stimmungslage, das andere Umfeld, die Freiheit von Arbeit und Last und das Fehlen von Stressfaktoren, die zu Hause den Organismus permanent schwächten. Bei einem Wechsel des festen Wohnsitzes innerhalb derselben klimatischen Zone sind für eine Besserung oder Verschlechterung des Gesundheitszustandes die verschiedensten Gründe entscheidend.

Eine neue Umgebung bedeutet, ein neues Lebensgefühl zu entwickeln, andere menschliche Kontakte sowie andere Beziehungen zu Tieren, Pflanzen und Gegenständen zu knüpfen. Dieses neue äußere Bild schafft veränderte körperliche, seelische und geistige Reaktionen. Je mehr dieses äußere Bild mit dem inneren Bild von Heimat und Geborgenheit, das jeder Mensch bewusst oder unbewusst mit sich herumträgt, übereinstimmt, desto günstiger und gesundheitsfördernder wirkt es sich auf den Gesamtorganismus aus. Abschließend eine kleine Checkliste bezüglich der Ortsidentität:

1. Meine Persönlichkeit passt mehr

    ☐ in eine Großstadt
    ☐ in eine Kleinstadt
    ☐ in eine Marktgemeinde
    ☐ in ein Dorf
    ☐ in einen Einödhof
    ☐ in ein Kloster

2. Besteht eine Wesensverwandtschaft zwischen dem Ort, **Ja Nein**
an dem ich lebe – beziehungsweise bei Großstädten
der Wohngegend – und meiner Persönlichkeit?   ☐ ☐
Passt die Ausstrahlung des Ortes zu meiner
psychischen Struktur?   ☐ ☐

3. Ermöglicht die Infrastruktur dieses Ortes das Stillen   **Ja** **Nein**
von persönlichen Bedürfnissen wie Sport treiben,
Essen gehen, kulturelle Veranstaltungen oder
Weiterbildungsseminare besuchen, Vereine aufsuchen,
spazieren gehen, Einkaufsbummel machen,
Menschen kennen lernen …? ☐ ☐
Ist die Lage verkehrsgünstig, um Freunde und
Verwandte zu besuchen? ☐ ☐
4. Ist der Wohnort für meine beruflichen Ziele geeignet? ☐ ☐
Ist er mit dem Beruf des Partners vereinbar? ☐ ☐
Ist die Entfernung zum Arbeitsplatz
beziehungsweise zur Schule vertretbar? bei mir? ☐ ☐
bei meinem Partner? ☐ ☐
bei meinem Kind? ☐ ☐
5. Passt der Wohnort zu meinem Lebensstil? ☐ ☐
6. Ist der Wohnort vom gesundheitlichen Standpunkt
aus gesehen vertretbar? ☐ ☐
(Nähe zu Fabrik, Atomkraftwerk, Hochspannungsleitung,
Lärm, Abgase, Insektizid-Pestizid-Landwirtschaft etc.)

Das Bedürfnis nach Eigenraum und Eigentum

Jeder Mensch braucht ein eigenes Revier. Besitz und ein eigenes Territorium gehören zur biologischen Grundausstattung des menschlichen Lebens.

Der Verhaltensforscher Desmond Morris hat festgestellt, dass Besitz im Sinne von Raum, den man besitzt, eine spezielle Form des Verteilersystems ist und Kämpfe eher verhindert als verursacht. Aufgrund der Errichtung von Gebietsrechten wird das Dominanzstreben geographisch eingeschränkt. Der Spruch: »My house is my castle« weist darauf hin, dass derjenige, der sich in seinem eigenen Territorium befindet, eine dominierende Rolle einnehmen kann, selbst wenn er auf neutralem Grund gegenüber anderen unterlegen ist.

Jedes Territorium muss als solches gekennzeichnet werden,

damit dieser Abwehr- und Schutzmechanismus wirkt. So wie der Hund sein »Revier« markiert, indem er sein Bein an bestimmten Bäumen hebt und seine »persönliche Duftnote« hinterlässt, so verbreitet auch der Mensch überall in seinem Territorium symbolisch seine persönliche Note.

Schwierig wird die Situation jedoch dann, wenn viele Menschen in einem Raum zusammenarbeiten müssen. Es entsteht dabei häufig ein Druck auf die unsichtbaren Grenzen des persönlichen Umfeldes, was Stress und Konzentrationsschwierigkeiten hervorrufen kann. Günstiger gestaltet sich das Bild, wenn man sich durch einen Privatraum abschirmen kann – etwa durch einen eigenen Büroraum, durch ein Arbeitszimmer oder durch ein Atelier. Die Besitzer anderer Territorien bleiben auf diese Weise unsichtbar. Wenn sich hingegen mehrere Menschen einen Raum teilen müssen, sind sie gezwungen, sich sozusagen symbolisch abzuschirmen. Mit Hilfe von Wandschirmen oder Trennwänden können sie kleine Barrieren errichten, die die unsichtbaren Grenzlinien ihres persönlichen Umfeldes sichtbar machen.

Wie sieht es mit dem Recht auf ein eigenes Revier in der Paarbeziehung aus? Es ist schlichtweg eine Katastrophe! Jedes Paar tut so, nachdem es zusammen einen eigenen Hausstand gegründet hat, als würde beiden Partnern alles gemeinsam gehören. Jegliches Eigentum fließt ein in den gemeinsamen Haushalt. Jeder Stuhl, jeder Tisch, jedes Glas, jeder Blumentopf, jeder Löffel und jede Gabel gehören jetzt beiden zusammen.

Besonders verstärkt wird diese Tendenz durch den Einheitsgrundriss der herkömmlichen Architektur, die fast ausschließlich Gemeinschaftsräume vorsieht – Küche, Essdiele, Wohnzimmer, gemeinsames Schlafzimmer, Bad und WC. Lediglich dem Auto gewährt man ein eigenes großzügiges Zimmer (Garage) von meist mehr als 25 qm und damit die Möglichkeit zur »Individuation«.

Da der Reviertrieb unter den gegebenen Rahmenbedingungen nicht befriedigt werden kann, beginnen schon bald nach dem Bezug der gemeinsamen Wohnung die ersten Revierkämpfe. Letztere werden in der Regel nicht als solche erkannt, sondern man leidet unter der Fixierung, der Unnachgiebigkeit, der mangelnden Kompromissbereitschaft, dem Machtgebaren oder dem Egoismus des anderen. Oft werden ganz triviale Dinge vorgeschoben, um von der tatsächlichen Problematik abzulenken. Die Vehemenz, mit der dabei jedoch gekämpft wird, lässt erkennen, dass es hier um etwas Grundlegendes geht, nämlich um den Territorialinstinkt des Säugetiers Mensch.

Die stete Verdrängung des Prinzips des persönlichen Eigentums und des persönlichen Reviers bewirkt Aggressionen und Streit sowie Krankheiten und Leid. Da man jedoch nicht weiß, woher die vielen Aggressionen und das seelische Leid kommen, schiebt man gewöhnlich die Schuld jeweils auf den anderen. Man glaubt, es müsse an ihm liegen, da man früher doch ein ganz friedliebender Mensch war.

Man ist überzeugt, es wäre nur der Partner, der einen nervt, der einen so verrückt macht, der solche Wut und Aggression bei einem auslöst, dass man aus der Haut fahren könnte, und ahnt die Zusammenhänge mit der Wohnsituation nicht. Schließlich trennt man sich vom Partner, lässt sich scheiden, weil man wieder zur Ruhe kommen will.

Nach der Trennung haben beide wieder ihr separates Revier, eine eigene abgeschlossene Wohnung, und siehe da, nachdem die Wunden geheilt sind, verstehen sich beide Partner komischerweise oder natürlicherweise – je nach Blickwinkel – wieder besser miteinander.

Dies ist im Grunde nicht verwunderlich, denn wie beim Krankheitsgewinn in der psychosomatischen Medizin ist das Ziel, worauf man mit all dem Streit und Kämpfen unbewusst hinauswollte, erreicht worden: Der Reviertrieb ist wieder befriedigt.

Unter diesen Gesichtspunkten sieht man die enorme Anzahl

von Single-Wohnungen in Großstädten in einem neuen Licht. Es erstaunt auch nicht mehr so sehr, warum so viele Singles immer wieder mit ihren Partnerschaften scheitern, und warum es Illusion bleiben muss, wenn man glaubt, mit einem anderen Partner käme man besser zurecht, gäbe es weniger Hass und weniger Streitereien.

Der genormte Grundriss entspricht also der genormten Seele, die die ihr zugewiesene Rolle von Geschlecht, Milieu und Kultur zu spielen hat. Erst wenn die eigene Individualität erwacht, die sich vorher nur in trivialen Dingen wie Auto- oder Zigarettenmarke zu äußern vermochte, wird das bisherige Korsett der Normen und schließlich auch das bisherige Einheitswohnkorsett zu eng und gesprengt.

Zu einem neuen Inhalt gehört eine neue Form! Je mehr sich jemand psychisch einen Eigenraum geschaffen hat, desto größer wird auch das Bedürfnis nach einem eigenen Raum, nach einem eigenen Zimmer. Das eigene Zimmer wird zum privaten Territorium, zum intimsten Bereich, zur Spiegelung des eigenen Wesenskerns, zum »Allerheiligsten«. Es ist ein Ort, an dem gerade die Autonomie und Privatheit durch Selbst-«Dialoge« kultiviert werden können – unterstützt durch lieb gewonnene persönliche Objekte. Es ist ein Refugium, in dem man tun und lassen kann, was man will, in dem man »unsichtbar« ist, nicht durch andere ständig beobachtet und kontrolliert werden kann, in dem man auch mal was Dummes oder Irreales tun oder Telefonate führen kann, die nicht von anderen gehört und kommentiert werden sollen. Nur im eigenen Raum lässt sich die eigene Individualität voll entfalten.

In der sich abzeichnenden neuen ökologischen Kultur geht es darum, den Einheitsgrundriss und die Einheitsmöblierung der Zimmer abzulösen durch neue Wohnformen.

Das Bedürfnis nach einer Kuschelecke

Wer abends von einem anstrengenden Arbeitstag nach Hause kommt, hat das Bedürfnis abzuschalten, zu relaxen, zu regenerieren und manchmal auch zu kuscheln. Doch wo besteht hierzu die Möglichkeit? In der Küche geht es nicht, im Esszimmer ist es nicht möglich, das Wohnzimmer hat primär Repräsentationsaufgaben zu erfüllen, und das kühle Schlafzimmer lädt – wenn es noch nicht Schlafenszeit ist – ebenso wenig dazu ein.

Das Entspannen und Kuscheln ist ein ganz elementares Bedürfnis. Das Stillen dieses Bedürfnisses darf auf keinen Fall vernachlässigt werden. Es ist wichtig, spontan die Nähe seines Partners spüren zu können, mit dem Partner seelische Wärme und Liebe auszutauschen, sich gegenseitig zu stärken und Kraft zu schenken. Dadurch wird Stress abgebaut, lösen sich ungute Gefühle auf, die Atmosphäre ist mehr getragen von Wohlwollen, Liebe und Glück.

Leider geben viele Menschen diesem Bedürfnis keinen Raum. Wenngleich bei der heutigen Wohnraumverknappung ein eigenes Kuschelzimmer selten vorhanden ist, kann man zumindest eine Kuschelecke schaffen, die zur Gesunderhaltung der Seele beiträgt und die Intimität und Vertrautheit mit dem Partner fördert. Langfristig gesehen kann eine solche Einrichtung sogar Trennungen und Scheidungen vorbeugen. Günstig ist es, die Kuschelzone in der Partnerecke (siehe Geheimnisse des Bagua) zu verwirklichen. Mit romantischer Beleuchtung, bunten Kissen, warmen Decken und liebenswerten Accessoires kann eine Stimmung gezaubert werden, die zum Lieben, Herzen und Küssen einlädt. Schon beim Anblick sollten warme angenehme Gefühle aufkeimen, in Erinnerung an vergangene schöne Stunden und in Erwartung von neuen Freuden in der Zukunft.

Das Bedürfnis nach Ruhe

Lärm ist inzwischen zur Umweltseuche Nummer eins geworden. In Deutschland sind rund sieben Millionen Haushalte dauernd starkem Straßenverkehrslärm ausgesetzt, 600 000 Haushalte starkem Eisenbahnlärm, 700 000 Haushalte starkem Fluglärm und 450 000 großem Industrie- und Gewerbelärm.

Man kann sich an Lärm zwar vermeintlich gewöhnen, aber andererseits sind die negativen Folgen der Lärmbelästigung auch dann noch spürbar, wenn der Lärm längst beendet ist.

Gruppen von Versuchspersonen, die während der Durchführung eines Konzentrationstests nicht vorhersagbarem Lärm ausgesetzt wurden, waren bei der nächsten Aufgabe ohne Lärmbelästigung weniger motivierbar.

Jede Lärmeinwirkung ist sowohl eine Seelen- als auch eine Körperverletzung. Lärm ist nicht nur in der Zeitspanne seines Einwirkens schädlich, sondern bedeutet auch eine Energie- und Zeitvergeudung. Nach der Lärmeinwirkung ist eine Phase der Regeneration und Erholung von diesem Stressor notwendig, und die seelische Natur muss ihre ganze Kraft verwenden, um wieder Ausgleich und Harmonie herzustellen. Solche Kompensationsleistungen kann die Naturkraft lange Zeit aufbringen, aber eines Tages erschöpft sich dieses Potential, was zu Krankheit und vorzeitigem Tod führen kann.

Welche Krankheitserscheinungen sind primär der Geräuscheinwirkung zuzuschreiben? Es sind dies Druckgefühl, Benommenheit, Störungen der Hypophyse, hormonelle Störungen, nervöse Überreizung, Gleichgewichtsstörungen, Herz- und Gefäßkrankheiten, Anämie, Hyperämie der Haut, der Magenschleimhäute und des Gehirns, Magengeschwüre und Störungen im Magen-Darm-Trakt.

Schallwellen dringen über den Gehörgang und durch den Schädelknochen ins Zwischenhirn ein. Sie erzeugen Kopfschmerz, Schwindel, vaso-vegetative Übererregbarkeit, quälende Reizbarkeit, Schlaflosigkeit und Angstzustände, schließlich Stumpfheit, Interesselosigkeit und Resignation.

Lärm erzeugt einen körperlichen und seelischen Alarmzustand, der auch im Schlaf entsteht und erhalten bleibt. Schließlich führt starker Dauerlärm zur allgemeinen Schwächung der Widerstandskraft, der Arbeitsfähigkeit und Verminderung der Intelligenz.

Geräusche bis zu 40 Phon sind für den Organismus weniger belastend. »Stille« Wohngebiete aber wurden schon mit 60–70 Phon gemessen. Bei 80 Phon verändert sich sprunghaft der Blutdruck. Die Straßenbahn lärmt mit 90, ein Moped, ein Laster, eine Sirene, eine Hupe mit 100 Phon, die Hauptverkehrsstraßen erzeugen 110 Phon, Flugzeuge circa 180 bis 200 Phon. Andere und mögliche zusätzliche Lärmprobleme entstehen infolge mangelnder Schallisolierung oder durch rücksichtsloses Verhalten der Nachbarn. Auf diese Weise kann der Einzelne unfreiwillig an den Geburtstagsfeiern, Partys und Feten der Nachbarn partizipieren, hört die jeweiligen Rundfunk- und Fernsehprogramme mit, ist unfreiwilliger Zuhörer von Familienszenen und Streitereien. Hat die Nachbarsfamilie gerade Nachwuchs bekommen, hat er unter Umständen aufgrund schlechter Isolierungen ebenfalls schlaflose Nächte, wenn das Baby aufwacht und aus Leibeskräften brüllt.

Weitere unangenehme Lärmbelästigungen und dadurch Körperverletzungen können im Außen- und Innenbereich sein: Kirchenglocken, Kuhglocken, Heizungs- und Klimaanlagen, Lifte und Kühlaggregate, Umwälzpumpen...

Ein einziger Hund, der ständig bellt, wenn Spaziergänger, Jogger oder Radfahrer in die Nähe seines Reviers gelangen, kann die Stimmungslage einer ganzen Wohngegend beeinträchtigen.

Ein Klavierspieler kann die Menschen eines ganzen Wohnblocks nerven, weil ihnen eine bestimmte Melodie aufgezwungen wird.

Das Bedürfnis nach Anonymität

Wenngleich die Verstädterung und der Hang zum mehrgeschossigen Haus sehr viele negative Folgeerscheinungen nach sich zog, so wohnt dem dennoch auch ein positives Moment inne, nämlich dort endlich die Möglichkeit zu haben, anonym zu sein. Wenn in Dörfern und Kleinstädten jeder jeden kennt, vertieft dies einerseits das Gefühl von Zugehörigkeit, Vertrautheit und Geborgenheit, andererseits aber können hier auch Gruppendruck und Gruppenzwang massiv psychisch belasten.

Moralapostel wachen darüber, ob am Sonntag der Kirchgang erfolgt, wann man nach Hause kommt, ob man regelmäßig in die Arbeit geht, ob der Rasen gemäht ist, und ob man seinem Partner treu bleibt. Der solcherart kontrollierte Mitbewohner ist immer wieder Fragen ausgesetzt oder muss sich gar rechtfertigen, wenn er anders lebt, als die Norm es vorschreibt. Der Nachbar oder auch der andere Dorfbewohner gewinnt Einblick in den Lebensstil, in die Funktion der Partnerbeziehung, ja sogar in finanzielle Angelegenheiten, wenn er – was gar nicht so selten ist – einen Beobachtungsposten am Fensterbrett bezieht oder sich ständig in die Belange anderer Familien einmischt. Dieses ständige Beobachtetwerden und Kontrollieren kann äußerst lästig sein.

Deshalb ziehen viele Menschen lieber in die Großstadt, weil sie dort anderen Menschen nicht Rede und Antwort stehen müssen, sondern so leben können, wie sie es wollen. Sie möchten sich ihre sozialen Kontakte selbst aussuchen und nicht zwangsweise mit den Nachbarn verbunden sein. Doch auch hier gilt: Es ist entscheidend, in welcher Lebensphase man welchem Bedürfnis Priorität verleiht. Wer sich gerade einsam fühlt, wird sicher das Bedürfnis nach Anonymität nicht in den Vordergrund rücken.

Das Bedürfnis nach Ausdruck

Fast jeder Mensch möchte sich selbst, seine individuelle Persönlichkeit in seinem Wohnbereich ausdrücken. Doch dieses Bedürfnis kann in den tristen Hochhäusern oder auch in den uniformen Reihenhaussiedlungen kaum gestillt werden. Die einzige Möglichkeit, sich vom Nachbarn abzuheben, besteht häufig nur in einer andersfarbigen Fußmatte. Es ist offensichtlich, dass derselbe Grundriss für ganz unterschiedliche Menschen nicht optimal sein kann. Es ist kaum vorstellbar, dass das ältere Ehepaar im 1. Stock dieselben Bedürfnisse hat wie die Familie mit den drei Kindern im 2. Stock oder wie der junge, allein stehende Karrierist, der den 7. Stock bewohnt.

Infolge der vorgegebenen Einheitsgrundrisse bleibt oftmals der Ausdruck der eigenen Persönlichkeit in erster Linie auf die Wohnungseinrichtung beschränkt.

Frauen und Männer zeigen unterschiedliche Objektbeziehungsmuster. Männer erwähnen beim Thema Einrichtungsgegenstände auffallend häufig TV-Geräte, Stereoanlagen, Sportausstattungen und Trophäen. Frauen nennen eher Fotografien, Skulpturen, Pflanzen, Porzellan, Glas und Textilien. Dies bedeutet, dass Männer mehr aktivitätsbezogene Objekte, Frauen dagegen mehr Kontemplationsobjekte bevorzugen.

In der Soziologie unterscheidet man zwischen den instrumentellen Rollen des Mannes und den expressiven Rollen der Frauen. Wie der Psychologe und Glücksforscher Mihaly Csikszentmihalyi festgestellt hat, bezieht sich dies auch auf die höchst private Symbolumwelt, die sich Menschen schaffen, um ihrem Leben einen Sinn zu geben. Dabei handeln Männer nicht nur in Übereinstimmung mit maskulinen Rollenstereotypen, sondern sie reagieren auch in Momenten, in denen sie glauben, autonom zu entscheiden, auf die Objekte ihrer Umwelt in Übereinstimmung mit maskulinen Skripts.

Kurzum, Mann und Frau beachten in der gleichen Umgebung verschiedene Dinge und schätzen sogar ein und denselben Gegenstand aus ganz verschiedenen Gründen.

Jeder Mensch tritt also zu den materiellen Objekten seiner Wohnumwelt in Beziehung und entwickelt dabei entsprechende Gefühle. Manchmal ist auch die Reaktion der Besucher auf einen Gegenstand entscheidend und wird erst dann zum Auslöser für bestimmte Gefühle (etwa Stolz) des Bewohners. Die Gegenstände des Wohnumfeldes sind Projektionen, quasi Materialisationen, von innerseelischen Inhalten. Sie sind Symbole für das, was in uns wohnt, und wechseln daher auch, wenn wir uns innerlich verändern. So kann oft ein neuer Einrichtungsgegenstand einen Wandel in der Lebensführung anzeigen, etwa wenn eine Frau, die bisher die Hausfrauen- und Mutterrolle voll ausgefüllt hat, einen Beruf ergreift und sich dafür einen Schreibtisch zulegt. Der Schreibtisch ist in diesem Fall nicht nur ein nützliches Möbelstück, sondern auch Symbol ihrer neu erworbenen Unabhängigkeit.

Wie bei einem Traum zuerst der Träumer selbst seine Assoziationen zu den Traumsymbolen äußern sollte, ehe man mit der Deutung beginnt, so ist auch die Analyse der Symbole im Wohnbereich erst möglich, wenn der Bewohner darüber befragt worden ist – mit seinem eigenen Verständnis für den privaten und intimen Bereich seiner Seele und für seine derzeitige Lebenssituation. Symbole haben oft eine sehr subjektive, unterschiedliche Bedeutung. Erst dann gilt das Sprichwort: Zeige mir deine Wohnung, und ich sage dir, wer du bist.

Aus Gründen der Synthese zwischen Inhalt und Form braucht jeder Persönlichkeitsanteil in der Außenwelt einen Bezug. Jede Anlage sollte auch im Wohnumfeld zum Tragen kommen.

Eine Kursteilnehmerin brachte eine Anlage auf eine ganz ungewöhnliche Weise zum Ausdruck. Sie hatte das Bedürfnis, für ihre romantische Ader auch in der Außenwelt einen Bezug zu schaffen. Deshalb ließ sie sich von einem Bühnenbildner eine

Winterlandschaft unter einem Sternenzelt in einer Ecke ihres Wohnzimmers aufbauen. Obwohl manche ihrer Besucher dieses Szenario als kitschig empfanden, ließ sie sich nicht beirren. Ausschlaggebend in diesem Zusammenhang ist ausschließlich, welche Gefühle in ihr aufkeimen und nicht was andere darüber denken. Sie selbst empfindet beim Anblick dieser Ecke ausschließlich Freude, Wärme und Geborgenheit.

Durch das Schaffen von äußeren Bezügen lassen sich Anlagen stärken, die ansonsten schwach und unterentwickelt bleiben würden. Dabei muss sehr behutsam vorgegangen werden.

Entscheidend ist, ob die Anlage neurotisch oder real ausgebildet wurde. Es macht einen Unterschied, ob etwa jemand seine Depression in einer entsprechenden Möblierung ausdrückt und so dieses psychopathologische Empfinden und Verhalten verstärkt, oder ob jemand sein Schönheits- und Ästhetikprinzip zum Beispiel durch farbenfrohe Balkonblumen ausdrückt und dadurch kräftigt und verstärkt.

Müssen lieb gewonnene Objekte, wie etwa ein Spiegel, ein Teddybär, ein antiker Schrank, verkauft und abgegeben werden, kann dies im Extremfall sogar zum Ausbruch einer Krankheit führen. Durch die libidinöse Besetzung solcher Gegenstände muss diese Energie häufig bei deren Verlust, wenn gleichwertiger Ersatz fehlt, auf die körperliche Ebene transponiert werden.

Welch ungeheure Möglichkeiten jedoch umgekehrt in Therapie und Heilung durch geschicktes und gezieltes Platzieren von bestimmten Objekten im Wohnbereich liegen, lässt sich – solange man es nicht selbst ausprobiert hat – kaum ermessen. Insbesondere auch deshalb nicht, weil solche Heilungsprozesse fast unmerklich ablaufen. Die Stärkung eines innerseelischen Prinzips und dadurch eines Körperorgans oder -organsystems durch verschiedene Gegenstände im unmittelbaren Wohnumfeld geschieht nicht schnell und plötzlich, sondern geht verschlungene Pfade und braucht seine Zeit.

Diskrepanz zwischen Bedürfnis und Wirklichkeit

Die große Frage, die sich für den Einzelnen bei der Fülle der Wohnbedürfnisse stellt, ist: Welches Bedürfnis hat bei mir Priorität? Was ist für mich die Grundbedingung, ohne die es nicht geht? Oft entscheidet einer sich für eine Wohnung, weil sie diese Grundbedingung erfüllt, im Laufe der Zeit aber werden andere Bedürfnisse, die vorher mehr in den Hintergrund gedrängt wurden, aktuell. In solchen Phasen steht der Betreffende dann erneut vor der Frage: Ausharren oder wieder umziehen?

Zum Trost: Die wenigsten Menschen schaffen es, dauerhaft ihren eigenen Bedürfnissen gemäß zu wohnen.

So deckte eine 1982 durchgeführte Repräsentativerhebung des B.A.T.-Freizeit-Forschungsinstituts eine frappierende Differenz zwischen den Freizeitwünschen der Menschen und ihrer Freizeitwirklichkeit in ihrem Zuhause auf:

o 73 Prozent wollten sich in ihrer Freizeit Zeit für sich selbst nehmen. Nur 19 Prozent fanden dafür Raum und Zeit.
o 38 Prozent wollten Bücher lesen. Nur 20 Prozent fanden dafür Raum und Zeit.
o 34 Prozent wollten sich in Ruhe pflegen, baden, Kosmetik betreiben. Nur 14 Prozent fanden dafür Raum und Zeit.
o 39 Prozent wollten ihren eigenen Gedanken nachgehen. Nur 21 Prozent fanden dafür Raum und Zeit.
o 21 Prozent wollten gern heimwerken. Nur 12 Prozent fanden dafür Raum und Zeit.

Die Diskrepanz zwischen Bedürfnis beziehungsweise Wunsch einerseits und der Wohnrealität andererseits zeigt, wie sehr doch viele Menschen ständig auf die Befriedigung ihrer ureigensten Bedürfnisse verzichten müssen. Die meisten davon unterdrücken die Verwirklichung ihrer Wünsche zugunsten der

Norm, der Maßstäbe und Ideale ihrer Kultur, der Leitbilder und Rollenspiele und nicht zuletzt auch wegen ihrer Partner, die einer Verwirklichung der eigenen Wünsche meist mit großer Skepsis gegenüberstehen.

Zum besseren Verständnis das Beispiel von Michael, einem Erfinder und Schriftsteller. Michael lebte zusammen mit seiner Freundin Susanne in einer Dreizimmer-Maisonette-Wohnung. Nachdem bereits die Durchsetzung eines eigenen Zimmers mit großen Kämpfen in der Partnerschaft verbunden war, wagte Michael nicht noch weitere Ansprüche anzumelden. In Wirklichkeit benötigte er dringend eine Bibliothek, einen großen Arbeitsraum und ein eigenes Schlafzimmer. Die Folge war, dass sein Zimmer, das alle drei Funktionen zu übernehmen hatte, rettungslos überladen war mit Schriftstücken, Ideen- und Recherchenheften, mit Karteien und Hängeregistern, mit wissenschaftlichen Ausarbeitungen und Hunderten von Büchern. Sein Zimmer glich daher einem einzigen Chaos. Er hatte keinen Schreibtisch zum Schreiben und keinen Konferenztisch, an dem Freunde und Mitstreiter hätten Platz nehmen können. Michael gab also all seinen Bedürfnissen keinen Raum. Er verzichtete zugunsten der Zweierbeziehung, weil er Angst hatte, dass er, wenn er sich eine eigene Dreizimmer-Wohnung nehmen würde, Susanne verlieren würde.

Da er seinen Inhalten keine Form verlieh, hatte er ungünstige Konsequenzen zu tragen. Die Mitmenschen – und allen voran seine Partnerin – schätzten seine Arbeit aufgrund seiner chaotischen Rahmenbedingungen entsprechend gering ein. Erst als Michael den Mut hatte, in einer neuen Wohnung für seine großartigen und genialen Gedanken auch entsprechende Rahmenbedingungen zu schaffen, ein 25-qm-Arbeitszimmer mit Hängeregistraturschränken, mit großem Schreibtisch, mit Panoramafenster, eine 37 qm große Bibliothek mit Konferenztisch und ein 18 qm großes Schlafzimmer, das ihm Ruhe und Erholung gewährt, gelang ihm beruflich der Durchbruch, und auch seine derzeitige Lebensgefährtin und seine Freunde wissen heute seine Arbeit zu schätzen.

Checkliste der persönlichen Wohnkonflikte

Ich bin der Meinung, dass meine Wohnkonflikte entstehen durch

Bescheidenheit ☐
zu große Opferbereitschaft ☐
die mangelnde Durchsetzung meiner Interessen ☐
zu wenig Selbstbewusstsein ☐
die hohen Immobilienpreise ☐
die hohen Mietpreise ☐
den verordneten Einheitsgrundriss ☐
einen falschen Grundriss ☐
die Einheitsmöblierung ☐
falsche Möblierung ☐
mein Status- und Prestigedenken ☐
die falsche Wohnform, die ich gewählt habe ☐
meine vernachlässigten kreativen Fähigkeiten ☐
meine fehlende praktische Begabung ☐
meine Handlungsblockaden ☐
den andersartigen Geschmack meines Partners ☐
die andersartigen Vorstellungen meines Partners ☐
die fehlenden finanziellen Möglichkeiten ☐
Angst vor Mehrarbeit,
   die mit einer größeren Wohnung verbunden ist ☐
Sachzwänge ☐
zu große Kompromissbereitschaft ☐
fehlende innere Geborgenheit ☐
provisorische Lösungen oder Zwischenlösungen ☐
Angst vor einem Umzug ☐
innere Konflikte, die in der Wohnung gespiegelt werden ☐

Checkliste bezüglich Raumgebung für eigene Bedürfnisse

Klammern Sie einmal Sachzwänge, fehlende finanzielle Mittel und hemmende Umstände aus. Welche äußeren Bezüge brauchen Sie für Ihre inneren Anlagen und Energien?

Ich brauche

ein eigenes Zimmer	☐
eine Kuschelecke	☐
einen Arbeitsraum	☐
ein geeignetes Büro oder eine eigene Praxis	☐
ein Atelier	☐
eine offene Feuerstelle	☐
einen Kachelofen	☐
einen Fitnessraum (oder ein Sportzimmer)	☐
eine Bibliothek	☐
eine Leseecke	☐
einen Konferenzraum	☐
einen Vorratsraum	☐
eine Speisekammer	☐
einen Luftschutzraum im Keller	☐
eine Sternwarte	☐
einen Ankleideraum	☐
einen Hobbyraum	☐
einen Bastel- oder Werkraum	☐
einen Ruhe- und Entspannungsraum	☐
ein Musikzimmer	☐
eine Sauna	☐
einen Swimmingpool	☐
einen Whirlpool	☐
einen PC-Raum	☐

...

Cutting Chi

Chi und Sha-Chi

Nährende und sanft fließende Energie nennen wir Chi, während zu schnelle, aggressive und überwältigende Energie als Sha-Chi bezeichnet wird (Sha klingt wie Schadenergie, eine ein-

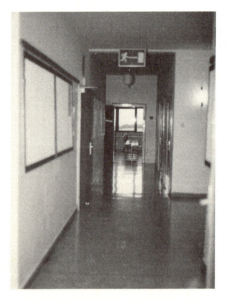

Auch ein langer Gang erzeugt Sha.
Die Kinder gegenüber der Türe sind unruhig und unkonzentriert.

fache Erinnerungshilfe). Sha-Chi entsteht in langen Gängen, Wegen und Straßen, also überall dort, wo Energie zu sehr beschleunigt wird. Erinnern Sie sich, dass Energie immer zirkulieren will. Alles Spitze, Pfeilförmige, Lineare wirkt beschleunigend und »schießt« demnach Sha ab.

Cutting Chi

Eine angeregt sich unterhaltende Gruppe von vier Menschen sitzt fröhlich um einen quadratischen Mittagstisch. Ein Überraschungsgast kündigt sich an, und man holt eilig noch einen fünften Stuhl. Doch wo soll dieser hingestellt werden? Der Neuankömmling wird an einer der Ecken Platz nehmen müssen. Wie wird er sich dort fühlen? Wird er lange bleiben, oder wird er eher überstürzt aufbrechen?

In der Regel letzteres, denn aus der Ecke des Tisches wird dem Besucher sehr starkes und aggressives »Sha« in die Magengegend schießen. Dieses Phänomen des Cutting Chi oder »Schneidenden Chi« ist eine weit verbreitete Ursache für Unwohlsein, mangelhafte Leistungen am Arbeitsplatz oder gar Krankheit.

Der Gast an der Tischecke wird sich unwohl fühlen und bald wieder aufbrechen.

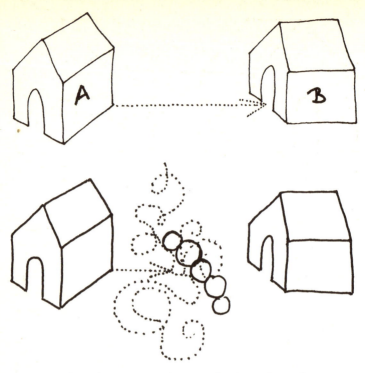

Durch Hecken, Bäume oder Sträucher kann die Wirkung der Kante abgehalten werden.

Bei diesen beiden Objekten ist schnell erkennbar, warum Nachbar B sich vom Nachbarn A attackiert fühlt. Tatsächlich herrscht hier seit Generationen Streit. Die Ecke von A durchschneidet regelrecht den Eingang von B. Bei jedem Nachhausekommen oder Hinausgehen in die Welt ist B diesem subtilen Angriff ausgesetzt.

Schneidendes Chi wird übrigens auch absichtlich eingesetzt, um sich Vorteile gegenüber Konkurrenten zu verschaffen. So wurde zum Beispiel in Hongkong das berühmte neu errichtete Gebäude der »Bank of China« *zufällig* so gebaut, dass eine

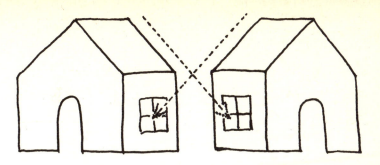

Schneidendes Chi kann auch vom Dach des Nachbarn ausgehen.

Kante genau durch den Sitz des britischen Gouverneurs schneidet, und in San Francisco gab es bereits das erste Feng-Shui-Gerichtsverfahren aus ähnlichen Gründen.

Wenn die Öffnungen eines Hauses angegriffen werden, kann dies für dahinter arbeitende oder lebende Menschen schwächend wirken. Daher müssen Schutzmaßnahmen vorgesehen werden.

Wir brauchen nicht lange zu suchen, um auch in unserem eigenen Kulturkreis fündig zu werden. Welche »Zier-Elemente« kennen Sie, die bei Haustüren oder Fenstern für guten Segen sorgen sollten? Denken Sie vor allem an Bauernhöfe und ältere Gebäude.

Was all diesen Schutzzeichen gemeinsam war, ist der Wunsch, die Hauptöffnung des Hauses, also die Haustüre, so zu sichern, dass nur gute und förderliche Energien eintreten. Dazu wurden Sprüche und Buchstabenkombinationen (beispielsweise auch das altbekannte Dreikönigszeichen K.M.B.) verwendet, aber auch Madonnenfiguren, Runen, Türkränze oder das weltweit verbreitete Sonnensymbol.

In Indien gibt es beispielsweise mit Farbe in den Türstock gezeichnete »Strichcodes«, welche durch getrocknete rote Pfefferschoten unterstützt werden.

Die Symbolik ist beliebig austauschbar, je nachdem in welchem Teil der Erde sich die Türe befindet, doch das Bestreben, mit dieser Maßnahme einen »energetischen Filter« aufzubauen, ist weltweit das gleiche. Daher wäre es auch völlig verfehlt, die Haustüre eines alten bayerischen Bauernhauses mit einem befremdend anmutenden chinesischen Glücksdrachen zu dekorieren.

Eine weitere Methode zum Schutz von Häusern ist die Anwendung des simplen Reflexionsprinzips. Eine spiegelnde Fläche wird an der Außenwand (oder außen an der Tür) so angebracht, dass sie alles Belastende zurückstrahlt.

Dazu kann jedes spiegelnde Material verwendet werden. Beliebt sind daher Türklopfer (oder Türschilder) aus poliertem Messing, aber auch Türkränze mit glänzendem, reflektierendem Beiwerk, da sie sehr unauffällig, aber doch effizient eingesetzt werden können.

Weitere Ausführungen zu diesem Thema finden Sie im Kapitel »Spiegel und ihre Wirkung«.

Schneidendes Chi in Wohnungen

Die Form von Räumen kann die Entwicklung der dort lebenden Menschen beeinflussen. Steht beispielsweise eine scharfe Kante in einen Raum, so sollte man sich an dieser Stelle unmittelbar vor diesem »Messer« nicht allzu oft aufhalten. Genauso ungeeignet ist ein solcher Platz für Betten oder Arbeits- oder Sitzplätze.

Verstecktes Schneidendes Chi

Wenn heute Architekten Gebäude mit scharfkantigen Ecken in die Landschaft stellen, so kreieren sie Schneidendes Chi. Wenn ein Grafiker ein Firmenlogo entwickelt, und er stellt ein Dreieck mit der Spitze nach unten über den Firmennamen, so durchschneidet er gleichfalls die Identität des Unternehmens. Dem Betrachter mag dies vielleicht nicht bewusst auffallen, doch wird er die unterschwellige Begleitinformation wahrnehmen, welche von Instabilität und Unsicherheit des Betriebes erzählt.

Wie schütze ich mich vor Schneidendem Chi ?

Es gilt die folgende Grundregel: Je eckiger die Form, je massiver das Erscheinungsbild, je näher am Menschen, um so stärker die Wirkung des Schneidenden Chi. Ist die Ecke jedoch abgerundet, befindet sie sich weit weg vom Menschen, und ragt das Objekt nur wenig in den Raum, so ist kaum noch eine belastende Wirkung vorhanden.

Ist dies nicht gegeben, muss die Problemecke optisch entschärft werden, beispielsweise durch Zimmerpflanzen (im

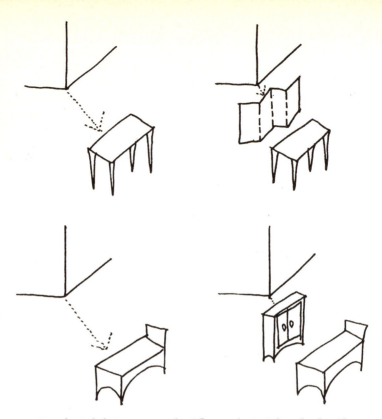

Durch Möbel, Paravents oder Pflanzen kann Schneidendes Chi abgeschottet werden.

Freien durch Bäume, Zierpflanzen oder Kletterpflanzen als Mauerbewuchs), aber auch durch geeignete Ziergegenstände, Stehlampen, Möbel oder Vorhänge. Der Kreativität sind dabei keine Grenzen gesetzt. Bitte achten Sie jedoch auf Ihr ästhetisches Geschmacksempfinden und überfordern Sie auch nicht Ihre Mitbewohner.

Sollten Sie jedoch eher feinstoffliche Lösungen anwenden wollen, können Regenbogenkristalle – vor der Kante von der

Decke hängend – oder aber ein Windspiel oder Mobile zu einer Zerstreuung des störenden Sha beitragen. Hängen Sie Ihre Hilfsmittel jedoch bitte so hoch, dass auch das größte Familienmitglied noch genügend Kopfabstand hat.

Feng-Shui-Lösungen sollten praktikabel, ästhetisch ansprechend, leicht durchführbar und erschwinglich sein. Sicherlich kennen Sie die »KISS-Regel – Keep It Simple and Stupid«. Halten Sie es so einfach wie möglich, denn die wesentlichen Dinge des Lebens sind immer einfach.

o Achten Sie beim Neukauf von Möbeln bewusst darauf, wie die Wirkung der Kanten und Ecken im Raum sein wird.
o Vor allem, wenn sich das tägliche Leben nahe an diesen Möbeln abspielt, oder Sie immer wieder knapp daran vorbeigehen müssen, sollten Sie eher auf sanftere und rundere Möbelformen achten.

Hilfsmittel, Werkzeuge und Methoden des Feng Shui

---

*»Feng Shui bedeutet, am
richtigen Ort zur richtigen Zeit zu sein.«*
Unbekannt

Die 14 Grundlösungen und warum sie funktionieren

1. Klang, Musik und Sprache

Wussten Sie, dass wir Menschen nach musikalischen Gesetzmäßigkeiten gebaut sind? Die Verhältnisse der einzelnen Gliedmaßen zueinander sind harmonikal. Mit dem großen Geschenk der Sprache haben wir die Fähigkeit, selbst Töne zu erzeugen und unseren Körper als »Musikinstrument« zum Klingen zu bringen.

Je weniger Eltern mit ihren Kindern sprechen, umso schwieriger fällt es diesen, überhaupt sprechen und lesen zu lernen. Das Fernsehen kann dafür niemals Ersatz sein, weil Menschen nach wie vor nicht wie ferngesteuerte Roboter funktionieren, sondern die direkte Ansprache benötigen.

Der erste bereits im Mutterleib ausgeprägte Sinn ist der Hörsinn, wobei »Hören« als Schwingungsübertragung über den gesamten Körper zu verstehen ist. Hören ist Nahrung!

Folgende Mindestanforderungen gelten als Grundlage für ein Leben in Ein-*Klang und Harmonie:*

o Gute Luft zum Atmen
o Sauberes Trinkwasser
o Lebendige Lebensmittel
o Sprechen und Hören angenehmer Dinge.

Die Auswirkung von Lärm

Lärm zieht unweigerlich Energie ab. Lärmschutzfenster sind eine gute und wichtige Hilfsmaßnahme bei einem allzu lauten Umfeld. Die Tatsache, dass man sich auch an Lärm »gewöhnen kann«, bedeutet nur, dass wir ihn aus dem Bewusstsein verdrängt haben. Seine zerstörerische Wirkung auf unser persönliches Schwingungsfeld bleibt jedoch erhalten.

Lärmbelastung symbolisiert aber auch Geldverlust. Ist es nicht bezeichnend, dass gerade Menschen mit ohnehin schwieriger Finanzsituation sehr oft auch in lauten Wohnungen leben?

Lärm wirkt belastend, aber harmonische Klänge sind Nahrung für die Seele.

o Je mehr wir uns mit künstlich produzierten Klängen umgeben, umso weniger werden wir »klangernährt«. Es ist ein Phänomen unserer Zeit, dass das Leben verarmt, und wir zusehends vereinsamen. Seien Sie also achtsam bei der Auswahl Ihres persönlichen Hörprogramms und ziehen Sie beispielsweise ein persönliches Gespräch mit Freunden einem Fernsehabend vor. Besuchen Sie lieber öfter ein Konzert, als sich laufend mit dem Ersatz aus der »Konserve« zu begnügen. Erwecken Sie, wie die Kinder, wieder die Freude am eigenen »Tönen und Singen«, egal wie falsch oder richtig es auch für fremde Ohren wirken mag. Klang kann heilen!

- Reduzieren Sie Störgeräusche so weit wie möglich. Dies kann das permanente Brummen des eigentlich schon längst reparaturbedürftigen Kühlschranks ebenso betreffen wie das Gluckern des nicht entlüfteten Heizkörpers.
- Verändern Sie Ihr klingendes Umfeld. Integrieren Sie Windspiele oder andere wohltuende Klangerzeuger in Ihr Leben.
- Leider sind Klangspiele aus dem Versandhaus oft nur billige Dutzendware mit schlechter Verarbeitung und disharmonischer Stimmung. Testen Sie daher bitte selbst, ob sich der Klang warm und freundlich anfühlt, und hängen Sie Klangspiele nur dann auf, wenn sich niemand davon gestört fühlt.
- Ideales Material für Windspiele ist Metall, weil es einen klareren Ton erzeugt als Holz, Glas, Muscheln, Keramik oder andere Werkstoffe.
- Klangspiele an der Tür können ein Warnsignal aussenden und informieren somit die Bewohner über eintretende Gäste. Außerdem signalisieren sie das Überschreiten einer Grenze, weshalb sie auch einzelne Raumbereiche energetisch trennen können. Dies ist vor allem dann nötig, wenn innerhalb eines Zimmers verschiedene widersprüchliche Aufgaben, wie beispielsweise Arbeiten und Schlafen, durchgeführt werden.
- Beim Öffnen der Türe sollte ein sanfter und harmonischer Ton zu hören sein, jedoch kein Scheppern. Deshalb dürfen Klangspiele nicht an die Tür anschlagen, sondern sollten derart an der Decke befestigt werden, dass der durch die Türdrehung entstehende Luftzug das Klangspiel bewegt. Daher hängen diese meist seitlich an der Tür.
- Auch an Balkontüren, Terrassenausgängen und in Wintergärten können Klangspiele zum Stabilisieren und Halten der Energie eingesetzt werden.

Klangspiele sollten hell und freundlich klingen.

o Der wichtigste Klangerzeuger ist jedoch nach wie vor die eigene Stimme. Sie drückt übrigens auch deutlich aus, wer wir sind, und wie es uns im Moment geht. Wir sind mal »verstimmt«, ein andermal »in bester Stimmung«. Wie so manch anderes, können wir auch dies bei anderen Menschen immer leichter wahrnehmen als bei uns selbst.

2. Über die Wichtigkeit des Lichtes

Schon vor Tausenden von Jahren erkannte man die außerordentliche Wirkung der Sonne für die Gesundheit. So empfahl Hippokrates, Wohnhäuser so gut wie möglich zur Sonne zu orientieren, um deren wohltuende Wirkung zu empfangen. Und neuerdings beschäftigt sich ein eigener Wissenschaftszweig, die

Biophotonenforschung, mit der Auswirkung des Lichts auf lebendige Organismen.

Das Sonnenlicht steuert jede einzelne Zelle und dadurch alle Lebewesen. Über die Haut, die Augen, die Nahrung und über die feinstofflichen Chakren gelangt es in den Körper und wird darin gesammelt. Die DNS (Trägerin der Erbinformation) kann Licht zwar eine geraume Zeit speichern, aber auch nicht unbegrenzt.

Viele kennen die jährlich wiederkehrende Herbstdepression, welche sich regelmäßig im November, zu Beginn der grauen und lichtarmen Zeit einstellt. Bekommen wir nämlich zu wenig Licht, bleibt unser Stoffwechsel- und Hormonhaushalt unterversorgt, und Energielosigkeit und Krankheitsanfälligkeit sind dann die Folge.

Da künstliches Licht zu verschieden vom Sonnenlicht ist, sollten Sie unbedingt regelmäßig ins Freie gehen. Sie tanken dann wieder auf, womit Ihre geistige und körperliche Leistungsfähigkeit enorm ansteigt.

Beleuchtung in Innenräumen

Wir Menschen sind Lichtwesen, und werden von einigen Forschern sogar als »Lichtsäuger« bezeichnet. Unser Alltag spielt sich jedoch zunehmend in Innenräumen ab – wir wohnen, arbeiten und bewegen uns hauptsächlich in künstlich beleuchteten Gebäuden, im Winter oft über Wochen ohne wirklichen Sonnenkontakt. Dies zehrt an unseren Energieressourcen.

In untauglich beleuchteten Räumen zu leben, schränkt das Chi dramatisch ein, und der Lebensfluss wird gebremst. Daher sollten wir unser Umfeld strahlend, leuchtend und wärmend gestalten, was mit Lampen gut möglich ist. Eine Wohnung muss eine Fülle an gutem Licht bieten, weil dies symbolisch die Qualität von Weite und Lebendigkeit in unser Leben bringt.

Wir Menschen sind Lichtwesen und benötigen ausreichend Helligkeit.

○ Lampen sollten warmes und freundliches Licht verbreiten.
○ Achten Sie auf eine gute Lichtstärke. Verweigern Sie geschlossene, das heißt zu Überhitzung neigende Beleuchtungskörper.
○ Wechseln Sie durchgebrannte Glühbirnen gegen lichtstärkere aus. Dies verursacht zwar etwas mehr Stromverbrauch, macht sich aber vielfach bezahlt.
○ Schaffen Sie verschiedene Lichtquellen in Ihren Räumen. Dann können Sie es wahlweise auch mal kuschelig und intim gestalten.
○ Sparlampen sind belastend und sollten daher vermieden werden.
○ Vor allem der Eingang und der Flur des Hauses müssen gut beleuchtet sein.
○ Strategisch platzierte Leuchtkörper können auch mithelfen, den Chi-Fluss innerhalb der Wohnung zu lenken. Vor allem Spots, Lichtschienen und auch Kristalllüster sind gut einsetzbare Hilfsmittel.
○ Bedrückende Raum- und Deckensituationen lassen sich durch nach oben strahlendes Licht ausgleichen. Verwenden Sie in solchen Fällen Deckenfluter und Wandleuchten.

3. Die Bedeutung von Pflanzen und Bäumen

Manche Menschen können kränkelnden Pflanzen regelrecht neues Leben einhauchen, allein durch die liebevolle Aufmerksamkeit, mit der sie sich um sie kümmern. Was machen solche Menschen, denen man die Fähigkeit des »grünen Daumens« nachsagt, anders?

1966 stellte sich bei Versuchen mit einer Zimmerpflanze namens *Dracaena massangeana* in den USA heraus, dass diese exakt auf die Gedanken und Absichten einer Versuchsperson reagierte. Die Anzeige eines an die Pflanze angeschlossenen Lügendetektors zeigte jedes Mal dann eine charakteristische Kurve, wenn es der Person ernst war mit ihren Plänen, die Pflanze zu verletzen. Die Dracaena konnte sogar zwischen wirklicher und vorgegebener Absicht unterscheiden.

In weiteren Versuchsreihen stellte sich heraus, dass Pflanzen vergleichbare Reaktionen wie Menschen zeigten, also auch Gefühle wie Ängste, Freude oder Liebe. Diese Erkenntnis war für Pflanzenliebhaber nicht neu, doch das festgefahrene wissenschaftliche Weltbild erlitt einen ordentlichen Knacks.

So können heute mittels Unterstützung aus dem Pflanzenreich Garagentüren geöffnet oder Verbrecher entlarvt werden. Im Feng Shui wird ihre sanfte und heilende Schwingung eingesetzt, um Gärten und Räume in eine andere Schwingung zu versetzen.

Bäume

In vielen Orten war es früher Brauch, an einem zentralen Platz des Dorfes einen Baum zu pflanzen. Diese Stelle wurde sehr schnell zum Mittelpunkt des gesellschaftlichen Lebens, und

Die Dorflinde als Zentrum des Ortes.

viele erinnern sich auch heute noch gerne daran zurück. Wenn solche Bäume gefällt werden, empfinden wir dies als großen Verlust. Es scheint, als wären ein wenig mehr als nur schöne Erinnerungen und einige Raummeter Holz entfernt worden.

Marco Pogacnik, ein sehr sensitiver und feinfühliger Künstler aus Slowenien, arbeitet seit Jahren an großen Projekten zur Landschaftsheilung. Durch eine spezielle Technik gelingt es ihm, mit den feinstofflichen Ebenen der Natur Kontakt aufzunehmen. Daraus schöpft er seine Informationen über geeignete Heilungsmaßnahmen und setzt dann ganz gezielte Impulse mittels Klang, Steinsetzungen und Symbolen.

In gewissem Sinne könnte man seine Tätigkeit als Landschafts-Feng-Shui beschreiben.

Pogacniks Arbeit führt zu einer starken Anhebung des Energiegefüges am behandelten Platz, und es zeigt sich, dass trotz Umweltschädigung sogar kranke Bäume wieder gesund werden, Flora und Fauna sich stabilisieren und sich ein Gefühl des Friedens und der Harmonie einstellt.

Pogacnik hat sich auch sehr viel mit Bäumen beschäftigt und erzählt: »Wenn man sich mit offenen Sinnen einem Baum nähert, merkt man, dass um diesen eine Art ›dichteres Feld‹ ist, so als würde man eine unsichtbare Gummiwand berühren. Dies ist die energetische Hülle des Baumes, welche wir bei jedem physischen Kontakt mit ihm durchdringen.« Schon Goethe sprach von einer »Urpflanze«, welche als unsichtbare Energiespirale eine Pflanze oder einen Baum umgibt. Unsere Vorfahren bezeichneten dieses Energiefeld (manche sagen auch Wesenheit dazu), genauso wie Pogacnik als »Faun«.

Ein Faun stellt also gewissermaßen die Intelligenz eines Baumes dar, sozusagen die Seele. Dessen Aufgabe besteht darin, diesen jeweiligen Baum zu versorgen und zu nähren, solange er existiert. Da sich Faune jedoch nicht ohne weiteres frei von ihrem anvertrauten Standort wegbewegen können, ist es ihnen praktisch unmöglich, eine neue Aufgabe zu finden. Werden also Bäume – ohne Begleitmaßnahmen – umgeschnitten und der

Baum und Faun bilden eine untrennbare Einheit.

Wurzelstock in der Erde belassen, so bleibt der Faun an diese Wurzel gebunden. Leidend und seiner Aufgabe beraubt, sendet er nun Schwingungen ins Umfeld aus, welche wir als Trauer und Depression wahrnehmen.

Mutterbäume

Manchmal findet man auch heute noch in Wiesen und Feldern einzelne, besonders schöne und alte Bäume, welche aus unerklärlichen Gründen niemals zur Holzgewinnung gefällt wurden. In diesen »wohnt« meist ein ganz spezieller, nämlich bereits weiterentwickelter Faun. Diese Bäume nennt man *Mutterbäume*. Solche besonderen Bäume tragen eine ähnlich verantwortungsvolle Aufgabe wie eine Mutter in einer Menschenfamilie. Sie sorgen wie diese für Schutz und versorgen den Nachwuchs mit Wissen. Daher wurden sie von unseren Vorfahren auch immer hoch geachtet und größter Wert auf ihre Erhaltung gelegt. Werden solche Bäume aus Unwissenheit gefällt, entsteht ein Ungleichgewicht in der Landschaft, und es kommt zu vermehrten Folgeschäden. Diese zeigen sich als größere Anfälligkeit bei Stürmen, stärkerem Wildverbiss, langsamerem Wachsen des Jungwaldes und erhöhtem Schädlingsbefall. Aus diesen Gründen versucht inzwischen sogar die moderne Forstwirtschaft, beim Roden wieder einzelne Bäume stehen zu lassen.

Pflanzen und ihre Symbolik

Wohnungen mit dem üppigen Grün von gesunden Zimmerpflanzen haben eine harmonischere Wirkung als solche ohne pflanzliches Leben. Genauso strahlen vielfältig und abwechslungsreich gestaltete Gärten ein anderes Flair aus als eine nackte, kurzgeschorene Rasenfläche.

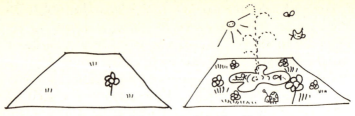

Ein belebter Rasen hebt das Chi.

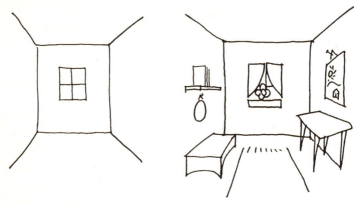

Ein belebter Raum erhöht gleichfalls die Schwingung.

Woran dies liegt, wissen wir bereits, nämlich zum einen an der gesteigerten Lebendigkeit durch das Vorhandensein der Naturwesenheiten, von denen es neben Faunen angeblich auch noch Elfen, Nixen und viele andere »Sagengestalten« gibt. Denken Sie daran, wie selbstverständlich unsere Kinder noch mit solchen Begriffen umgehen und auch gar kein Hehl daraus machen, mit ihnen in Kontakt zu stehen.

Zum anderen strahlen lebendige Pflanzen natürlich auch eine gewisse Symbolik aus. Sie erinnern uns an Qualitäten wie *Wachstum, Gedeihen, Langlebigkeit, Sicherheit, Verwurzelung, Verbindung von unten und oben, Gesundheit, Kraft* und vieles andere mehr.

Entsprechend bereichern also Bäume, Sträucher, aber auch Zimmerpflanzen mit dieser Botschaft unser Leben. Daher sollten Sie immer besondere Aufmerksamkeit auf den Gesundheitszustand Ihrer grünen Zeitgenossen legen.

Da ja alles mit allem in Verbindung steht, sagen uns kranke oder sterbende Pflanzen sehr viel über unser Innenleben. Man sollte sich in einem solchen Fall fragen: »Gibt es auch in mir (wahlweise ersetzen durch: »meiner Familie«, »meiner Partnerschaft«, »meinem Betrieb« etc.) einen kranken Teil, welcher sich hiermit ankündigt? Zusätzlich können Sie sich auch noch fragen, *wann* die Pflanze/der Baum zu kränkeln begonnen hat, und in *welcher Zone* des Grundstücks bzw. der Wohnung denn immer wieder Ausfälle zu verzeichnen sind. Wiederholt sich dies beispielsweise in der Zone, welche für *Partnerschaft* steht, so könnte dies ein deutlicher Hinweis auf ein anstehendes Beziehungsthema sein. Und bitte nicht mogeln bei der Analyse! Selbstverständlich läuft gerade dort eine Wasserader durch, ist der Standort zu dunkel, haben Sie wiederholt auf das Gießen vergessen... Sie werden also immer eine rationale, äußerliche Erklärung finden, wenn Sie nur lange genug danach suchen! Erinnern Sie sich immer wieder daran, dass wir alle unser eigenes Universum erschaffen, also nichts rein »zufällig geschieht«. Für sterbende Pflanzen gibt es also genauso einen triftigen, mit Ihnen zusammenhängenden Grund wie für Autounfälle, Krankheiten oder einen lärmenden Nachbarn – um nur einige Beispiele zu nennen.

Bevor Sie also das nächste Mal einen zerzausten Ficus Benjaminus auf den Kompost werfen, halten Sie einen Moment inne und fragen Sie ihn: »Was willst du mir sagen?«

Vielleicht fällt Ihnen plötzlich ein, was diese Pflanzenkrankheit speziell für Sie bedeutet. Wenn Sie offen sind, kann von überall her die entscheidende Antwort kommen. Vielleicht aus einem Buch, in dem Sie willkürlich eine Seite aufschlagen, von Freunden, welche nichts ahnend einen Schlüsselsatz formulie-

Halten Sie Kontakt zu Ihren Pflanzen.
Sie sind Lebewesen mit eigenem Bewusstsein.

ren oder einfach, indem Sie auf die Botschaft Ihrer inneren Stimme hören.

Pflegen Sie daher Ihre Blumen in einer liebevollen Haltung, und kümmern Sie sich heilend um diese, denn alles, was Sie für sie tun, wird rückwirkend auch Ihr Leben bereichern.

Nachdem in der Schweiz eine Grundbesitzerin einen Baum hatte umschneiden lassen, stellten sich wie aus heiterem Himmel chronische Zahnschmerzen ein. Die Ärzte standen vor einem Rätsel und konnten ihr nicht helfen. Erst als nach längerer Zeit ein Feng-Shui-Berater den noch immer im Wurzelstock festsitzenden Faun zu einem Jungbaum »verpflanzt« hatte, verschwanden die Zahnwurzelschmerzen so schnell, wie sie gekommen waren. Außerdem begann ein angrenzender und seit Jahren unfruchtbar gewesener Apfelbaum plötzlich intensiv zu blühen.

Manchmal reicht es auch, mal ein ernstes Wörtchen mit Ihrem immer welker werdenden Pflanzen-Sorgenkind zu reden. Sagen Sie ihm, was Sie von diesem Zustand halten, und geben Sie ihm unmissverständlich zu verstehen, dass dies nun seine allerletzte Chance sei. Mit dieser Methode wurden schon wahre Wunder bewirkt. Doch denken Sie daran: Die Pflanze durchschaut Sie, wenn Sie es nicht wirklich ernst meinen.

Eine »Wenderin« aus dem österreichischen Waldviertel erzählte mir, wie sie kranke Pflanzen heilt. Sie platziert neben der

Pflanze einen Spiegel mit den Worten: »Schau dich doch an, wie jämmerlich du aussiehst.« Dies scheint einen derart heilsamen Schock auf Pflanzen aller Gattungen auszulösen, dass diese in kürzester Zeit gesunden.

Zugegeben, dies klingt alles sehr mystisch oder gar esoterisch. Doch kennen Sie nicht auch selber solche Geschichten? Haben Sie nicht schon aus eigener Erfahrung die fast menschlichen Züge Ihrer Pflanzen kennen gelernt? Spätestens, wenn Sie aus dem Urlaub zurückkehren und Ihre Blumen wieder betrachten, welche in der Zwischenzeit von jemand anderem betreut wurden, werden Sie den Unterschied merken.

Sollten auch Ihnen nun interessante Erlebnisse mit Ihren »grünen Lieblingen« eingefallen sein, so schreiben Sie uns doch bitte. Wir Autoren würden diese gerne in eine der nächsten Auflagen dieses Buches integrieren.

Blühende Elemente verschönern unser Heim. Ein frischer Strauß Schnittblumen kann oft mehr Freude bereiten als so manch anderes Geschenk. Schließlich erinnern sie uns an das Strahlen des Augenblicks, aber durch ihre Vergänglichkeit auch an die Notwendigkeit des Weitergehens und Loslassens.

Ahnen Sie übrigens, was es bedeuten könnte, wenn jemand vorwiegend getrocknete Blumen sammelt? Solche Menschen unterdrücken oftmals ihre eigene Lebendigkeit.

4. Spiegel und ihre Wirkung

Waren Sie schon einmal in einem Spiegelkabinett? Durch die unterschiedlich geformten Spiegel entstehen dort vielfältigste Verzerrungseffekte. Dadurch wirkt unser Abbild mal verbogen, ein andermal wiederum gestaucht, oder es starrt uns plötzlich als »Riese mit 50 Kilogramm Übergewicht« an.

Nehmen wir also an, in Ihrem Badezimmer befände sich ein solcher Spiegel, welcher Ihre Körperfülle zu Ihren Ungunsten aufblähen würde. Wäre Ihnen das angenehm? Wahrscheinlich würden Sie sich zunehmend selbst als zu dick, übergewichtig und unattraktiv empfinden.

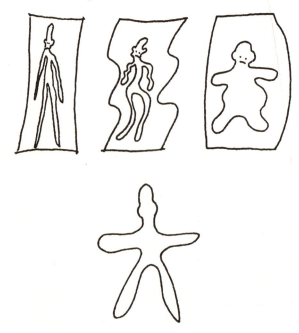

Das Spiegelkabinett ist ein gutes Erfahrungsfeld zum Erkennen der vielfältigen Anwendungsbereiche von Spiegeln.

Spiegelfliesen zerteilen Ihr Gesicht, weshalb Badezimmerspiegel besser aus einem Stück sein sollten.

Doch Spiegel können auch noch ganz andere Auswirkungen haben. Betrachten wir beispielsweise eine mit Spiegelfliesen beklebte Wand, so wird sich unser Abbild darin ähnlich wie in einem Horrorkabinett darstellen. An allen Ecken und Enden werden wir zerschnitten und zerteilt. Dies mag zwar vorübergehend recht originell sein, doch wenn wir fortlaufend ein derart zerteiltes Abbild von uns selbst gezeigt bekommen, wird das Wirkung zeigen. Im Lauf der Zeit wird sich im Verborgenen ein Gefühl von Unzulänglichkeit, Instabilität oder gar so etwas wie Versagensangst einstellen.

Ähnlich verhält es sich auch mit mehrtürigen Spiegelschränken, welche ja in unseren Breiten sehr häufig in Badezimmern anzutreffen sind. Da die verspiegelten Türchen üblicherweise sehr schmal sind, wird das Spiegelbild des davorstehenden Menschen ebenfalls immer von der linken oder rechten Schulter abwärts zerschnitten. Dies führt dann beim Schminken oder Rasieren zu eher kuriosen Pendelbewegungen des Kopfes. Wenn Sie also das nächste Mal Ihr Bad renovieren, denken Sie daran, dass wir den Tag im Bad beginnen und ihn auch dort wieder beenden. Der erste und letzte Eindruck zählen bekanntlich am stärksten. Gönnen Sie sich daher einen guten und heilen Eindruck von sich selbst.

Was Spiegel noch alles können

Spiegel sind aus der Sicht der Radiästhesie ein wenig in Verruf gekommen. Genau deshalb lohnt es sich, genauer auf deren vielfältige Effekte und Anwendungsmöglichkeiten sowie auf mögliche Einschränkungen und Gefahren einzugehen.

a) Reflexionswirkung

Als Kind haben auch Sie sicher einmal mit einem Spiegel und einer Taschenlampe Ihre Schulkameraden geblendet. Diese reflektierende Wirkung jedes spiegelnden Materials wird im Feng Shui besonders dort eingesetzt, wo bedrohliche Sha-Energie zurückgestrahlt werden soll. Daher hängen über der Eingangstür von Millionen asiatischen Häusern und Geschäftslokalen so genannte *Bagua-Spiegel*, mit denen wir uns später noch intensiver beschäftigen werden.

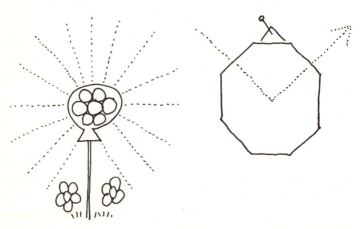

Die reflektierende Eigenschaft von Spiegeln kann eingesetzt werden, um belastende Sha-Energie wegzustrahlen.

Diese sind deshalb an der Außenseite des Hauses angebracht, weil sie die störende Schwingung, bevor sie ins Haus eintritt, wegreflektieren sollen. Hätten Sie jedoch einen solchen Schutzspiegel irrtümlicherweise nicht außen, sondern im Innenbereich der Wohnung montiert, würde dies gerade das Gegenteil bewirken, nämlich eine Verstärkung von Unruhe und Belastung.

o Um das eigene Haus vor belastender Sha-Energie zu schützen, benötigen Sie keinesfalls einen chinesischen Baguaspiegel. Auch bei uns gibt es eine Reihe weit verbreiteter »Feng-Shui-Schutzwerkzeuge« zu entdecken.
o Geeignet als solche Werkzeuge sind demnach alle spiegelnden Oberflächen, wie poliertes Messing oder Stahl, Keramik, Lack, Glas, Spiegel, Lametta u.v.a.m. Ihrer persönlichen Phantasie sind dabei keine Grenzen gesetzt, jedoch haben sich einige wenige Gegenstände besonders stark verbreitet und sind daher unauffälliger einzusetzen. Dazu zählen Türschilder oder Türklopfer aus Messing ebenso wie der Hochglanzlack an Ihrer Haustüre.

Ganz ausgezeichnete Lösungen sind auch die früher in den Bauerngärten, Parks und auf Balkonen weit verbreiteten Rosenkugeln, welche nun eine überraschende Renaissance erleben. Diese stellen nämlich nicht nur optisch eine Bereicherung Ihres Gartens oder Blumenfensters dar, sondern sie reagieren auch wie ein nach außen gewölbter, konvexer Spiegel.

Rosenkugeln

Diese zählen zur Kategorie der typisch westlichen Feng-Shui-Lösungen. Wenn Sie eines dieser glänzenden Prachtstücke aus der Nähe betrachten, werden Sie auf der Kugeloberfläche ein Abbild der gesamten Umgebung wieder finden. Dies bedeutet, dass Rosenkugeln einerseits wie ein magisches Auge alles anziehen, was im Umfeld geschieht, andererseits aber auch die Fähigkeit besitzen, Strahlen zu reflektieren. Ein Ehepaar aus der Schweiz hatte große Probleme mit Nachbarn des gegenüberliegenden Gebäudes. Lärmexzesse durch wilde Partys, bei offenen Fenstern dröhnende Musikanlagen sowie wiederholtes lautstarkes »Diskutieren« strapazierte das Nervenkostüm dieser Feng-Shui-Interessierten auf das Äußerste. Was auch immer sie bereits versucht hatten war ergebnislos geblieben, und selbst das wiederholte Einschreiten der Polizei konnte diesem Terror keinen Abbruch tun.

Von einem Feng-Shui-Seminar heimgekehrt, schritten die beiden Betroffenen unmittelbar zur Tat. Mit der Entschlossenheit der Verzweiflung montierten sie am Balkon ihrer im ersten Stock gelegenen Wohnung vier Rosenkugeln, in Richtung des lärmenden Nachbarn. Da der Balkon in Richtung Süden orientiert war, wurde Rot als Hauptfarbe gewählt (über die Wirkung und den Einsatz von Farben wird in Punkt 10. dieses Kapitels ausführlich berichtet). Zur Sicherheit wurde auch noch eine Rosenkugel in der Farbe Türkis dazugefügt, weil sich dies förderlich auf eine gute und konstruktive Kommunikation auswirkt.

Was dann geschah, hat selbst diese beiden anfangs noch skeptischen Menschen zu begeisterten Feng-Shui-Anhängern werden lassen. Von diesem Tage ihrer Heimkehr an, hat sich die Nachbarschaftsbeziehung total entspannt, die Lärmbelastung ist vollständig verschwunden, und alles, was vorher ein großes Problem gewesen war, existiert bestenfalls noch in der Erinnerung.

o Idealerweise stellen Sie Rosenkugeln paarweise auf, da dies den Effekt eines Tors oder einer Schleuse bewirkt. Bei breiten Hausfronten oder eher umfangreichen Störungen aus dem Umfeld können, wie bei obigem Beispiel, auch mehrere Exemplare verwendet werden.

Paarweise Anordnung von Rosenkugeln erzeugt einen »Toreffekt«.

o Eine gute Kombinationsmöglichkeit ergibt sich mit Zierpflanzen, welche beispielsweise zu beiden Seiten Ihres Eingangs in Behältern platziert werden, wo Sie ganz einfach jeweils einen Stab mit einer Rosenkugel dazustecken.
o Ihre Wirkung wird umso stärker sein, je mehr Sie an ihren Zweck denken, das heißt, die Kugeln in Ihrem Bewusstsein tragen und sich an ihnen erfreuen. Halten Sie sich vor Augen, dass Ihre Energie dadurch konzentriert und somit effizienter wirksam wird, denn die Gedanken und Gefühle sind die Träger Ihres Chi.

b) Anziehende Wirkung von Spiegeln

In einem Spiegel bildet sich sein Gegenüber als Bild ab. Gewissermaßen ist das Umfeld nun im Spiegel präsent. Daher sind Spiegel in der Lage, das Umfeld energetisch »anzuziehen«.

Dies wird vor allem dort als Feng-Shui-Maßnahme eingesetzt, wo energiereiche landschaftliche Merkmale, wie ein See oder eine Blumenwiese, intensiver in das Haus »hineingezo-

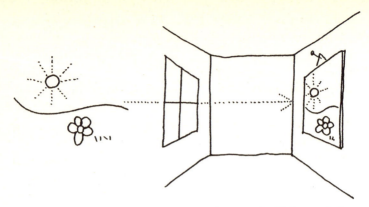

Spiegel können eine harmonische Umgebung in die Wohnung holen.

gen« und deren Chi für die Bewohner nutzbar gemacht werden soll.

o Um mit einem Spiegel stärkendes Chi aus dem Umfeld anzuziehen, sollte er in die Richtung des gewünschten Objektes zeigen.

o Daher ist es sinnvoll, ihn *innen* im Haus aufzuhängen, denn er soll ja die Energie nach innen, in das Gebäude hereinholen.

o Idealerweise sollte sich der See im Spiegel abbilden, doch wenn dies wegen eines dazwischenstehenden Hindernisses nicht möglich ist (beispielsweise durch die eigene Hausmauer), so ist dennoch die gedankliche Intention stärker als die materielle Blockade durch die Mauer. Schließlich sind auch Ziegelsteine nichts anderes als verdichtete Energie. Kurz gesagt: Wenn Sie wollen – und überzeugt davon sind –, dass der Spiegel mit dem See eine Verbindung aufbauen und auch halten wird, dann ist diese Vorstellung (=Information = energetische Ladung) ausschlaggebend.

o Dies öffnet viele Tore zum Experimentieren im Bereich von Geist und Materie. Bitte überfordern Sie sich dabei aber nicht selbst. Sollte dieses Konzept zu fremd auf Sie wirken oder Sie kommen aus anderen Gründen damit nicht klar, sollten Sie Lösungen bevorzugen, die besser zu Ihnen passen.

c) Die erweiternde Wirkung von Spiegeln

Wenn Sie eine Wohnung betreten, und der erste Eindruck, mit dem Sie konfrontiert werden, ist eine massive Wand, wird in Ihnen ein Gefühl von Beschränkung aufsteigen. Als Besitzer eines kleinen Frisiersalons, in welchem sich Mitarbeiter und Kunden auf engstem Raum drängen, werden Sie sich möglicherweise mit viel Spannung und Streß konfrontiert sehen, und die Kunden werden im Laufe der Zeit ausbleiben.

Ein Spiegel kann das Gefühl von Begrenzung auflösen und Räume weiter erscheinen lassen.

- Spiegel an den Wänden können den Eindruck von Tiefe schaffen, so dass den Menschen ein Gefühl von Weite und besserer Entfaltungsmöglichkeit gegeben wird.
- Spiegelflächen öffnen optisch einen Raum und hellen ihn auf, was eine Verstärkung des Chi-Flusses ergibt.
- Spiegel sollten immer sauber, unbeschädigt und klar sein. Zu vermeiden sind Rauchglasspiegel oder alte, bereits trüb gewordene Erbstücke.
- Da sie Räume weiter machen können, sind Spiegel auch geeignet, Fehlbereiche in Wohnungen oder Häusern, welche durch unregelmäßige Grundrissformen entstehen, auszugleichen. Nähere Ausführungen dazu finden Sie im Kapitel »Das glorreiche Bagua.«

d) Gewölbte Spiegel

Um die Wirkung eines gewölbten Spiegels zu erfahren, benötigen Sie einen ganz gewöhnlichen Suppenlöffel. Halten Sie diesen senkrecht in die Luft und betrachten Sie zunächst die bauchige – konvexe – Außenseite. Wenden Sie sich dann der konkaven Innenseite zu. Was sehen Sie? Das Spiegelbild des Umfelds wird sich auf beiden Seiten des Löffels völlig anders darstellen.

Konvex:

Die bereits erwähnte *Rosenkugel* ist ein typischer Konvexspiegel.

- Konvexspiegel sind bestens geeignet, um einstrahlende Energie zu zerstreuen.
- Diese zerstreuende Wirkung kann einerseits die harmonische

Schwingung, beispielsweise eines schönen Gartens im Umfeld, gleichmäßig verteilen, aber auch
o belastendes Sha unschädlich machen, weil es dieses ins Umfeld wegreflektiert und zerstreut.
o Rosenkugeln werden im Umfeld von Fenstern und Eingangstüren gerne paarweise verwendet, weil diese dann auch einen zusätzlichen »Durchgang« schaffen, was ebenfalls wie ein Filter wirkt.

Konkav:

Ähnlich einer Satellitenempfangsschüssel haben konkave Spiegel eine sammelnde Wirkung. Durch die nach innen gewölbte Spiegelfläche erscheint das Abbild jedoch verkleinert und auf den Kopf gestellt!

o Daher werden konkave Spiegel gezielt auch dafür eingesetzt, um ein zu großes und bedrohliches Umfeld, wie beispielsweise ein Hochhaus oder einen Sendemasten, zu verkleinern bzw. instabil zu machen.
o Ihre Blickrichtung liegt außen am Haus zum übermächtigen Nachbarn hin; durch die stark verkleinernde und auf den Kopf stellende Wirkung verliert dieser an Stärke.

e) Spiegel lenken die Energie

In manchen erfolgreichen Geschäftslokalen werden Spiegel eingesetzt, um die Aufmerksamkeit der Kunden auf subtile Weise zu lenken. So werden beispielsweise die Wände hinter den Verkaufsregalen einer großen internationalen Kosmetikkette verspiegelt, und erst davor die Regale mit den Waren gestellt. Dies schafft eine zusätzliche Tiefenwirkung im Regal, und der Blick des Kunden wird durch die Produkte nach hinten gezogen.

Im Umfeld der Kassen werden Spiegel ebenfalls gerne verwendet, und zwar nicht nur, um Kontrolle über das Geschehen zu haben, sondern weil sie bei guter Platzierung den Fluss der Kunden (und ihres Geldes) von außen zum Eingang und vom Eingang zur Kasse lenken.

o Günstig angebrachte Spiegel können die Aufmerksamkeit lenken. Dies hilft auch, Problemzonen zu entschärfen.
o Da Spiegel alles, was vor ihnen abläuft, noch einmal darstellen, »verdoppeln« sie jeden Vorgang.
o Ein Spiegel hinter dem Herd »verdoppelt die Nahrung« und damit symbolisch auch den möglichen Wohlstand.
o Ein Spiegel hinter (oder in) der Kasse verdoppelt jeden Geldschein in seiner Abbildung, was wiederum Fülle und mehr Geschäft anzieht.

Die Größe und Form von Spiegeln

Um die jeweilige Größe des benötigten Spiegels abschätzen zu können, muss sein Zweck geklärt werden. Soll er lediglich als Schutz- und Reflexionswerkzeug dienen, so reicht jede Größe aus, mit der Sie sich wohl fühlen, also unter Umständen auch ein Minispiegel mit wenigen Zentimetern Durchmesser. Dies wird vor allem bei Bädern, Toiletten oder Abstellraumtüren der Fall sein. Manchmal werden für diesen Zweck auch selbstklebende Reflexionsfolien verwendet und außen an den Fenstern angebracht.

Wenn der Spiegel jedoch einen optischen Effekt erzielen soll, wie beispielsweise einen Raum weiter erscheinen zu lassen, so sollte er entsprechend größer dimensioniert sein.

Wie groß ist groß genug?

Haben Sie schon Kleinkindern zugesehen, wenn sich diese selbst in einem Spiegel sehen? Eine besondere Faszination scheint von diesem »anderen Kind dort drinnen« auszugehen und fesselt ihre Aufmerksamkeit voll und ganz.

Das einzige Wesen, das wir nie ganz sehen können, sind wir selber. Daher haben Spiegel eine so besondere Bedeutung für uns, weil wir durch dessen zweidimensionales Abbild zumindest eine Ahnung bekommen, wer und was wir sind.

- In jedem Haushalt sollte also ein Spiegel vorhanden sein, welcher groß genug ist, um zumindest den Bereich zwischen Herzchakra und Kopf ganz zu zeigen. Dieser muss natürlich der Körpergröße sämtlicher erwachsener Familienmitglieder angepasst sein.
- Zusätzlich muss er auch noch freien Raum außen herum bzw. darüber zulassen, weil wir sonst im Laufe der Zeit ein Gefühl von Unfreiheit und Begrenztheit entwickeln. Da wir Energiewesen mit einer unsichtbaren »Aura« um den Körper herum sind, muss also unbedingt auch dafür Platz im Spiegel sein. Wir sehen die Aura zwar nicht, doch unbewusst nehmen wir sie wahr. Ein großer Spiegel verhilft uns daher zum Empfinden von mehr Ganzheit.
- Setzen Sie ein Zeichen in Richtung Selbstachtung. Achten Sie daher auf die Größe Ihres Badezimmer- oder Garderobespiegels.
- Dieser sollte hoch genug und breit genug sein, um Ihre ganze Persönlichkeit – zumindest vom Brustbereich aufwärts – zu erfassen.
- Ein in einen finsteren Winkel gehängter Spiegel ist ziemlich nutzlos. Setzen Sie ihn daher ins rechte Licht, denn dann erscheinen auch Sie, als Spiegelbild, hell und strahlend.

Die richtige Größe und Höhe eines Spiegels ist entscheidend.

o Kinder begrüßen es sehr, wenn ihnen im Badezimmer ein eigener, nahe dem Boden befestigter Kinderspiegel zur Verfügung steht, denn von frühestem Alter an zeigen Menschen Interesse an ihrem Ebenbild.

f) Magische Spiegel

Seit seiner Erfindung wurden Spiegel auch für magische Zwecke verwendet. Die alten Hunnen arbeiteten kleine Spiegelstückchen in ihre Gürtel ein und zogen damit in den Kampf.

Ähnlich war der größte Stolz eines Ritters seine polierte, im Sonnenlicht glänzende Rüstung, denn diese sollte Schutz bieten und mithelfen, den Feind zu besiegen.

Die in Asien weit verbreiteten *Bagua-Spiegel*, welche wie ein Universalhilfsmittel für praktisch jeden Zweck verwendet werden, haben in unseren Breiten eher exotischen Charakter, selbst wenn chinesische Feng-Shui-Experten darauf schwören. Jede Lösung ist nur so gut, wie sie in unser kulturelles Umfeld passt und unserem ästhetischen Empfinden entspricht.

o Verwenden Sie heimische Lösungen und vermeiden Sie es, einzelne Fragmente fremder Traditionen, aus dem Zusammenhang gerissen, zu kopieren. Dies wirkt oft befremdend und kann die Situation sogar verschlechtern.
o Ein einfacher runder oder achteckiger Spiegel ist am besten geeignet.
o Runde oder ovale Formen bringen mehr Yin-Energie (weiblich, weich, fließend) in die Räume, während quadratische oder rechteckige mehr Yang-Qualitäten (männlich, dynamisch) besitzen.

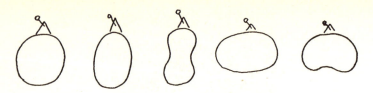

Yin-Formen sind rund, weich, fließend.

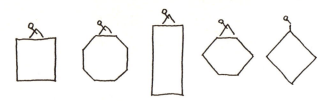

Yang-Formen sind eckig.

5. DNS-Spiralen

Als James Watson und Francis Crick im Jahre 1953 entdeckten, dass der Träger unseres genetischen Codes, die Doppelhelix der DNS, eine Anordnung von 64 Gruppen trägt, war eine wissenschaftliche Sensation perfekt. Denn damit konnte erstmals von westlicher Seite bewiesen werden, was das Grundlagenwerk des Feng Shui, das Buch der Wandlungen »I Ging« bereits vor 5000 Jahren wusste: Unsere Erbanweisungen, die entscheiden, ob jemand rote Haare bekommt, groß wird oder musikalisch begabt ist, werden in den Genen von Generation zu Generation weitergegeben. Das System dahinter, nämlich 64 Kombinationen aus Paaren von Dreiheiten, zeigt sich im I Ging als 64 Hexagramme, welche aus Paaren von Trigrammen gebildet werden. Die Doppelhelix als Form hat daher eine außergewöhnlich starke Schwingung, ist sie doch ein Abbild des Lebensprinzips schlechthin. Daher können mit der Doppelhelix als Feng-Shui-Hilfsmittel großartige Resultate erzielt werden.

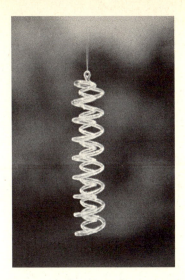

Die DNS-Spirale steigert die Raumenergie.

o Die DNS-Spirale erzeugt einen senkrechten Strahl, welcher Himmel und Erde verbindet. Durch diesen Austausch der Kräfte wird der Wohnungsbereich, in dem sie hängt, mit Lebensenergie geladen.
o Machen Sie einen Test und hängen Sie eine Blüte direkt unter eine Doppelhelix und eine andere in einem Meter Abstand auf. Sie werden in wenigen Tagen bemerken, dass die Blüte unterhalb der Doppelhelix Farbe und Duft viel stärker behalten konnte.
o Wenn Sie sich energielos fühlen, ein Raum Ihrer Wohnung eher unbelebt wirkt oder ein problematischer Bereich, wie ein Abstellraum, Bad oder WC aufgewertet werden sollen, kann die DNS-Spirale bestens eingesetzt werden.
o Sie strahlt laut Auskunft von Radiästheten starke und pulsierende Lebensenergie ab.
o Daher eignet sie sich auch besonders gut zum Stabilisieren eines Wohnungsmittelpunktes. Siehe Kapitel Zentrum.

6. Kristalle

In der Natur gewachsene Kristalle, wie beispielsweise Amethyste, Bergkristalle oder Rosenquarze, besitzen eine ganz spezifische Kristallstruktur und Färbung. Beeinflusst von Herkunftsort, Wuchsform, Klarheit, Unversehrtheit, Brüchen usw. strahlen Kristalle daher mehr oder minder stark in ihr Umfeld ab. Dieses wird davon beeinflusst, und immer mehr Menschen nutzen daher die vielfältigen Heilkräfte der edlen Steine. Menschen, Tiere und auch Pflanzen reagieren auf ihre feinen Schwingungen und so manche Krankheit wurde mit ihrer Hilfe gelindert.

Ein Teil ihres Geheimnisses verbirgt sich hinter der Kristall-

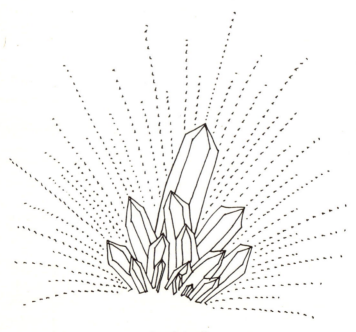

Bergkristall

128

struktur. Die Geometrie des Kristallgitters erzeugt eine ganz persönliche Schwingung, welche auf einfachen geometrischen Grundformen aufbaut. Da auch unsere Vorfahren über dieses Phänomen Bescheid wussten, finden wir in alten Gebäuden, Parkanlagen, Stadtgrundrissen und Kunstwerken immer wieder Hinweise auf die Kraft der »Heiligen Geometrie«, und selbst so große Gebäude wie Kathedralen wurden nach diesen Gesetzmäßigkeiten erbaut.

- Kristalle sind Energie- und Informationsträger und bestrahlen als solche ihr Umfeld.
- Wer sich mit ihnen beschäftigt bzw. welche besitzt, sollte sie nicht vernachlässigen. Sie wollen, wie jedes Lebewesen, gepflegt, gereinigt und mit Aufmerksamkeit versorgt werden.
- Zu viele Kristalle können daher auch zu einer »Überladung« führen, vor allem wenn sie in großer Anzahl in Ruhezonen, wie etwa im Schlafzimmer, ausgelegt sind.
- Als Feng-Shui-Hilfsmittel sind sie gut einsetzbar, da sie einzelne Raumzonen durch ihre Präsenz aufwerten, anreichern und stärken. Je ursprünglicher und unveränderter sie in Form und Farbe sind, desto besser.

7. Regenbogenkristalle

Aus dem Physikunterricht kennen wir alle die lichtbrechende Wirkung von Glasprismen. Weißes Licht wird in sein Spektrum zerlegt und bringt die Farben des Regenbogens zum Leuchten. Ähnlich funktionieren auch die im Feng Shui weit verbreiteten Glas-Regenbogenkristalle, welche in Fenstern dafür sorgen, dass das Licht der Sonne sich in schillernden Farben im Raum verteilt. Dieser Vorgang kann am besten wie ein alchemistischer Verwandlungsprozess beschrieben werden, da der Kristall gewissermaßen die versteckten Fähigkeiten und Stärken des Lich-

Regenbogenkristalle harmonisieren die Raumenergie.

tes zum Vorschein bringt. Die Folge ist eine Anreicherung des Raumes mit leuchtendem und strahlendem Chi. Dies ermöglicht eine Harmonisierung und verhilft zu mehr Balance und Gleichgewicht.

Der große Vorteil dieser Regenbogenkristalle liegt darin, dass diese in nahezu perfekten harmonischen Formen und Geometrien erhältlich sind. Dies erzeugt eine sehr hohe und feine Schwingung, da neben dem Lichtbrechungseffekt vor allem eine Energieanreicherung durch die bereits angesprochenen Urgeometrien erzeugt wird. Verwendet werden sollten für Feng-Shui-Zwecke daher nur Regenbogenkristalle bester Verarbeitung und größter Klarheit.

o Die am häufigsten verwendeten Kristallformen sind facettiert geschliffene Kugeln oder Tropfen. Zusätzlich gibt es noch Sonderformen, wie Fünfsterne, Herzen oder ovale Kristalle.
o Allen gemeinsam ist ihre innere Klarheit, da weder Einschlüsse, noch Brüche oder Trübungen ihre Leuchtkraft behindern.

o Feng-Shui-Regenbogenkristalle sollten immer sauber und unbeschädigt sein. Ansonsten würde Unklarheit und Unruhe entstehen. Regelmäßiges Reinigen ist daher äußerst wichtig. Ein feuchtes Tuch sollte üblicherweise reichen. Starke Chemikalien würden ihre Oberfläche aufrauen und sind daher zu vermeiden.

Der Einsatz von Regenbogenkristallen

Als materielle Hilfsmittel, welche Licht (=Energie) umwandeln, sind sie sehr vielseitig in unseren Wohnungen einsetzbar.

Wollen wir beispielsweise das Sha eines zu langen Ganges zerstreuen, schneidendes Chi entschärfen oder eine unbelebte Zimmerecke aktivieren, so können Kristalle zum Einsatz kommen, ebenso bei Wintergärten (Energieverlust durch große Glasflächen) oder Sonnen-Fenstern – überall dort, wo harmonisiert, angereichert und verteilt werden soll. Wenn Sie jemals das Aufleuchten der Regenbogenfarben im Sonnenlicht gesehen haben, dann wissen Sie, warum immer mehr Menschen so fasziniert auf diese Kristalle reagieren. Sie bringen Strahlen ins Leben und fördern eine herzöffnende Schwingung.

8. Delphine

Der Kontakt zu Delphinen scheint ganz besondere Auswirkungen für uns Menschen zu haben, sowohl auf mentaler wie auf körperlicher Ebene. Man sagt, sie seien – gemeinsam mit ihren Verwandten, den Walen – die Träger alten Wissens. Dieses kann von uns genutzt werden, weshalb Delphine in vielen Kulturen als heilig angesehen wurden. Delphine sind Wesen ohne Angst, sie leben die reine und unbegrenzte Liebe. Ihre Abbildung erzeugt in der Wohnung daher die Schwingung von Harmonie

Partnerdelphine bereichern Ihre Partnerecke.

und Liebe, weshalb sehr viele Menschen unbewusst auf sie reagieren. Aus diesem Grunde sind sie auch als Symbol für die »Partnerecke« sehr beliebt, doch kann jeder andere Wohnungsbereich gleichsam von ihrer sanften und freudevollen Schwingung profitieren.

9. Bilder

Können Bilder unser Leben beeinflussen?

Haben Sie sich schon einmal beim Aufhängen eines Bildes beobachtet? »... weiter nach rechts, nun nach oben, nein, zu weit, doch wieder drei Zentimeter runter, etwas rechts... jetzt passt's.« Jedes Bild hat seinen Eigencharakter und muss daher an der jeweils richtigen Stelle hängen. Daher ist auch nicht jedes beliebige Motiv für jeden Menschen gleich gut geeignet.

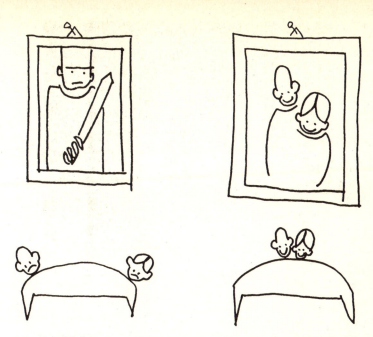

Im Schlafzimmer sind harmonische Bilder besonders wichtig.

Stellen Sie sich vor, wie Abbildungen über Trauer, Verfall, Unglück und ähnliches das Leben des Betrachters beeinflussen. Es ist eine Beobachtung, dass sich das Leben vieler Menschen im Laufe der Jahre parallel zu den Aussagen ihrer Bilder entwickelt.

Würden Sie zum Beispiel gerne im Schlafzimmer über Ihrem Ehebett den »kontrollierenden Ahnen« hängen haben?

Angeblich hat sich durch veränderte Bildmotive im Schlafzimmer sogar schon Nachwuchs bei Paaren eingestellt, die vorher jahrelang vergeblich darauf warteten.

Übrigens hat jedes Bild zusätzlich die Schwingung des Malers beziehungsweise des Schenkenden gespeichert. Ähnliches gilt auch für Fotos.

o Achten Sie daher darauf, welche Gefühle Sie zu einem Bild entwickeln, und ob Sie sich wirklich wohl fühlen damit. Wenn nicht, dann sollten Sie sich davon trennen! Egal, wie wertvoll oder geschichtsträchtig ein Kunstwerk auch immer sein mag, das persönliche Empfinden hat Vorrang.
o Besorgen Sie sich stattdessen Gemälde, Drucke oder Poster, welche Freude, aufbauende Symbolik und Lebendigkeit vermitteln, und die Ihnen auch wirklich gefallen. Dann werden Bilder zu Freunden, an deren Anblick Sie sich nähren und stärken können.

Auch Bilder brauchen Platz zum Atmen.

Durch die richtige Rahmung wirken Ihre Bilder besser.

- Achten Sie beim Erwerb eines Bildes auf dessen Geschichte. Wo kommt es her, wer ist der Künstler, warum wird es verkauft?
- Ein Landschaftsmotiv mit großer Tiefenwirkung ist gut dafür geeignet, einen Raum weiter und offener zu machen. Dies kann bei Treppenaufgängen, Eingängen oder engen Räumen notwendig sein.
- Kinderzeichnungen tragen sehr viel Chi und verstärken daher besonders gut die Schwingung.
- Belastende Ausblicke aus dem Fenster, wie beispielsweise auf eine Mauer, lassen sich durch Bemalung verändern. Laden Sie die Kinder der Nachbarschaft zu einem Malfest ein.
- Bilder brauchen Platz zum Atmen. Achten Sie daher auf ein passendes Passepartout beziehungsweise einen stimmigen Rahmen. Ebenso sollte aber auch die Wand, an der die Bilder hängen, genügend Ruheflächen für das Auge bieten.
- Wenn Sie die Wirkung Ihrer Bilder zusätzlich steigern wollen, können Sie die Maße für das Passepartout und den Rahmen nach harmonischen Feng-Shui-Dimensionen wählen (siehe Kapitel »Feng-Shui-Maße für mehr Harmonie«).
- Vermeiden Sie schwere Bilder mit wuchtigen Rahmungen in Kopfnähe von Menschen, also über dem Bett, im Kinderzimmer oder oberhalb von Sitzmöbeln.

10. Farben

Farben werden gezielt eingesetzt, um die Wirkung von Räumen zu steigern. Dabei orientiert man sich an der Raumnutzung, dem natürlichen Lichteinfall, der Einrichtung und Größe des Raumes, aber auch an den Himmelsrichtungen. Selbst unser Gefühl sagt uns schon, dass ein im Norden gelegenes Schlafzimmer wohl eine andere Farbgestaltung benötigen wird als ein südlich orientiertes Wohnzimmer.

Farben nach den Fünf Elementen

Das Konzept der Fünf Elemente oder besser gesagt der »Fünf Wandlungen« beschreibt die Beziehung der unterschiedlichen Energiezustände zueinander. Aber Achtung: Da der Ansatz ein völlig verschiedener von unserer westlichen Vier-Elemente-Lehre (Feuer, Erde, Wasser, Luft) ist, darf keine Vermischung dieser beiden Systeme erfolgen.

Mit Hilfe der Fünf Elemente Holz, Feuer, Erde, Metall und Wasser beschreiben wir im Feng Shui (genauso wie in der Medizin, Kunst, Architektur, Ernährung,...) nicht so sehr die Materie als »die Idee dahinter«.

- Holz steht für das heranwachsende Leben (nach oben und außen), daher für Pflanzen, Bäume, die Tageszeit früher Morgen, die Jahreszeit Frühling (das Jahr beginnt), die Farbe Grün.
- Feuer steht für das Licht, die Sonne (pulsierend und aktiv), für die Tageszeit Mittag, die Jahreszeit Sommer (die Natur ist sehr aktiv), die Farbe Rot.
- Erde beschreibt alles Mineralische, die Erde als Substanz (sammelnd), Steine und Kristalle, die Tageszeit Spätnachmittag, die Jahreszeit Spätsommer, die Farbe Gelb.
- Metall steht für das verdichtende, also materielle Prinzip, das Geldwesen (Münzen), die Tageszeit Abend, die Jahreszeit Herbst sowie für die Farbe Weiß.
- Wasser beschreibt das Fließende, Sammelnde, also jede Form von Flüssigkeit oder Fluss, wie auch das Verkehrswesen, Kommunikation, die Tageszeit Nacht, die Jahreszeit Winter (die dunkle Jahreszeit), die Farben Schwarz und Blau.

Jedes Element lebt von der Beziehung zu den anderen Elementen. Diese werden symbolisch als Zyklen dargestellt.

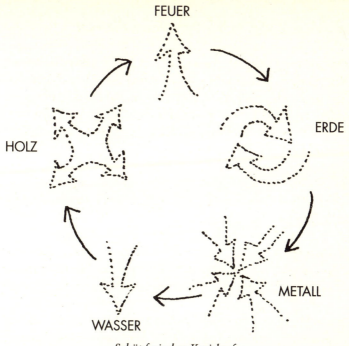

Schöpferischer Kreislauf

Im Kreislauf der Schöpfung stehen die Elemente in förderlicher Beziehung zueinander.

Holz nährt Feuer, welches zu Erde (Asche) verbrennt. Erde bringt Metall hervor und Metall fördert Wasser, wodurch wiederum Holz wachsen kann...

Der *Kreislauf der Kontrolle* zeigt, wie sich die Elemente gegenseitig blockieren.

Holz entnimmt der Erde Nährstoffe. Erde wiederum kontrolliert Wasser, welches seinerseits Feuer löscht. Feuer schmilzt Metall, und Metall spaltet Holz...

Farben und Zuordnungen auf einen Blick

Holz	Osten	Grün
Feuer	Süden	Rot
Erde	Zentrum	Gelb
Metall	Westen	Weiß
Wasser	Norden	Schwarz, Blau

Der richtige Einsatz von Farben

o Wenn Sie die jeweils zusammenpassenden Farben nach dem Kreislauf der Schöpfung kombinieren, so fördern sich diese gegenseitig. Rot kombiniert sich gut mit Gelb und gemeinsam aktivieren sie Feuer und Erde.
o Je nach Verwendung eines Raumes können Sie die dominierenden Farben auswählen und diese durch Akzente aus den anderen Elementen unterstützen.
o Um eine Überstimulierung zu vermeiden, sollten Schlafzimmer vorwiegend mit ruhigeren Tönen gestaltet werden.
o Arbeitszimmer und »Yang-Räume«, also Räume mit hoher Tagesaktivität, können durchaus mit aktiveren Farben gestaltet werden.
o Ebenso sollten Firmenlogos farblich harmonisiert werden. Neben Form und Inhalt wird durch die richtige Farbwahl die Botschaft verstärkt. Denken Sie an den Erfolg von McDonald's und anderen bekannten Firmen.

11. Wasser

Bewegtes Wasser im Wohnbereich aktiviert Chi. Der Wunsch nach einem Zimmerbrunnen oder sprudelnden Quellstein ist daher verständlich. Aber Vorsicht: Nicht jeder verträgt dessen stimulierende Wirkung. Ebenso eignet sich nicht jeder beliebige Platz der Wohnung gleich gut für dieses angeblich unbedingt notwendige Feng-Shui-Accessoire. So mancher hat damit schon eine latente Blasen- oder Nierenschwäche aktiviert, oder sich »erfolgreich« eine Verdauungsstörung zugezogen.

o Das Wasser in einem Aquarium, einer Wasserschale oder einem Zimmerbrunnen sollte immer von höchster Reinheit, Vitalität und Klarheit sein.
o Destilliertes Wasser ist nur bedingt geeignet.
o Wenn Sie ein Bild eines Wasserfalls aufhängen, so sollte dieser ein »Sammelbecken des Chi« haben und nicht zu überwältigend wirken.
o Vermeiden Sie bewegtes Wasser im Schlafzimmer, weil sonst eine geruhsame Erholung schwierig wird.

Wasserfallbilder oder andere Naturmotive mit Wasser heben das Chi.

- Als Frau sollten Sie vor allem im Südwesten und Westen der Wohnung nicht allzu viel Wasser (in jeder Form) haben. Die Folge könnte sonst eine gesundheitliche Schwächung sein.
- Vorsicht auch vor Wasser im Nordosten, es könnte ebenfalls die Gesundheit angreifen.
- Das verdunstende Wasser verändert auch die Luftionisation, was zu einer allgemeinen Verbesserung des Wohlgefühls beiträgt. Wenn Sie allerdings für längere Zeit verreisen, sollte der Zimmerbrunnen abgeschaltet und gesäubert werden, um ein Trockenlaufen der Pumpe zu vermeiden. Dies würde das Chi der Räume beeinträchtigen.

Teiche, Biotope, Swimmingpools

Auch stehende Gewässer sind starke Energiespeicher. Eine zu große Wasserfläche auf einem kleinen Grundstück kann jedoch die Harmonie stören.
- Ein Biotop sollte daher nicht größer als die Hausgrundfläche sein, es sei denn, es liegt weit genug vom Haus entfernt. Ein Mindestabstand von einer Haushöhe sollte eingehalten werden.
- Nur sauberes und klares Wasser wirkt förderlich. Regelmäßiges Reinigen des Beckens ist daher Voraussetzung. Bra-

Die Wasserfläche darf in Relation zum Haus nicht zu groß und auch nicht zu nahe sein.

ckiges und trübes Wasser vor dem Haus ist ein Hinweis auf unklare und dubiose Geschehnisse und kann auch gesundheitlich schwächen.
- Ein Swimmingpool darf mit keiner Kante (»Schneidendes Chi«) in Richtung Haus zeigen.
- Geschwungene Formen sind besser als eckige. Ideal ist die Nierenform zum Haus hin.

12. Bewegte Objekte

Fahnen, Windräder, Mobiles und Ähnliches aktivieren und zerstreuen Energie. Sie eignen sich daher gut zur Steigerung der Aufmerksamkeit (bei Firmen), beziehungsweise zum Beleben von ruhigen Zonen im Innenbereich. Wenn jedoch zu starkes Chi, beispielsweise durch einen langen Gang oder eine Tür-Fenster-Opposition, entsteht, so können diese Hilfsmittel auch bremsend und zerstreuend wirken.

Mobiles – als äußerer Verstärker von innerseelischen Persönlichkeitsanteilen

Jede Anlage, jeder Persönlichkeitsanteil eines Menschen kann durch das Schaffen von Bezügen in der Außenwelt aufgebaut und gestärkt werden. Die Form bestätigt und verstärkt den Inhalt. Es geht also darum, in der Außenwelt *Verstärker* der eigenen psychischen Struktur aufzubauen, damit man

- ein besseres Spiegelbild bekommt,
- als stärkerer Sender und Empfänger fungieren kann,
- Inhalt und Form in Einklang bringt,
- die Welt mit seinen eigenen Energien mit prägt,
- die zu einem passenden Menschen anzieht.

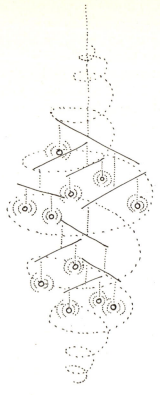

*Bewegte Objekte ziehen die Aufmerksamkeit an
und erhöhen das Chi des Standortes.*

So symbolisiert zum Beispiel ein Mobile das Prinzip Bewegung, Aktionsradius und Kommunikation, das in jedem Menschen als Anlage wohnt. Um festzustellen, welches Mobile der eigenen psychischen Situation entspricht, lässt sich das Horoskop zu Hilfe nehmen. Hier heißt es zu untersuchen, in welchem Tierkreiszeichen sich Merkur, der das Prinzip Bewegung, Aktionsradius und Kommunikation verkörpert, befindet. Da sich Merkur maximal nur bis zu 28° von der Sonne entfernt, steht er bei jedem Menschen entweder in dem Tierkreiszeichen, in dem der Betreffende geboren ist, oder in dem vorhergehenden beziehungsweise nachfolgenden Tierkreiszeichen. Die genaue Stellung des Planeten kann über die so genannten Ephemeriden (= Gestirnsstandtabellen) erfahren werden, oder man bittet einen Bekannten, der sich mit Astrologie beschäftigt, um Auskunft.

Nachfolgend sollen Hinweise gegeben werden, wie die spezifischen Merkurstände in Form von entsprechenden Mobiles ausgedrückt werden können:

Merkur im Widder	Mobile mit Trompeten
	Mobile mit Wespen
Merkur im Stier	Mobile mit Kühen
Merkur in Zwillinge	Mobile mit Affen
	Mobile mit Käfern
Merkur im Krebs	Mobile mit Muscheln
	Mobile mit Monden
Merkur im Löwen	Mobile mit Herzen
	Mobile mit Sonnen
Merkur in Jungfrau	Mobile mit Mäusen
	Mobile mit Bienen
Merkur in Waage	Mobile mit Yin- und Yang-Symbolen
	Mobile mit Früchten
Merkur im Skorpion	Mobile mit Spinnen
	Mobile mit Hunden
Merkur im Schützen	Mobile mit Elefanten
Merkur im Steinbock	Mobile mit Steinen
Merkur im Wassermann	Mobile mit Vögeln
Merkur in Fische	Mobile mit Fischen

Wer sich Wissen über die Symbolik angeeignet hat, kann selbstverständlich auch noch andere Symbole für ein kosmisches Prinzip finden und in seiner Wohnung zur Anwendung bringen.

13. Steine, Felsen, Figuren

Ein Haus am Hang ist gefährdet, Energie zu verlieren, weil das Chi entlang des Gefälles nach unten abrutscht. Daher sollte bei der Gartengestaltung auch eine Stabilisierung vorgenommen werden. Dies kann durch große Steine oder andere schwere Objekte erreicht werden.

Auch im Hausinneren kann eine offene Galerie oder eine freie Treppe, kurzum überall wo »Energieabsturz« droht, mittels Zimmerpflanzen in schweren Tontöpfen, Bodenvasen oder Figuren stabilisiert werden.

o Auch schwere Möbel bringen eine Beruhigung des Energieflusses.
o Ein Zuviel an schweren Möbeln kann allerdings das Chi der Bewohner stark dämpfen und somit Ursache für eine ungewollte Stagnation in deren Leben sein.

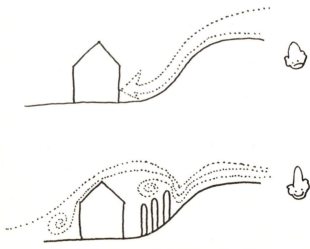

Durch die schweren Steine hinter dem Haus wird die Energie beruhigt.

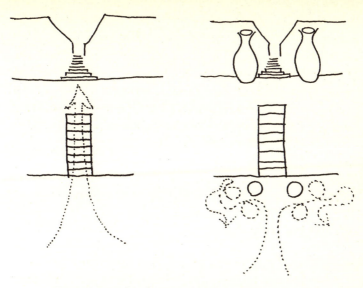

Die Vasen wirken bremsend und stabilisierend und bremsen den Chi-Fluss nach unten.

o Achten Sie daher beim Einrichten immer auf eine abwechslungsreiche Gestaltung. Kombinieren Sie schwere Möbel daher unbedingt mit leichten, luftigen Elementen.

14. Persönliche Gegenstände

Grundsätzlich kann jeder Gegenstand als Feng-Shui-Werkzeug verwendet werden. Zu beachten ist dabei immer die Symbolik, sowohl aus allgemeiner wie auch aus persönlicher Sicht. Manche dieser Symbole sind weltweit verbreitet, aber sogar diese haben, je nach Region, oft unterschiedliche Bedeutungen und Wertigkeiten.

So versinnbildlicht beispielsweise die Sonne überall das Prinzip »Leben«, aber dennoch wird ein Eskimo zu ihr einen anderen Bezug entwickeln als ein Buschbewohner in Zentralafrika.

Diese Urbedeutungen sind, wie auch C.G. Jung schon feststellte, sehr stark im Unbewussten des Menschen verankert, weshalb wir alle ähnlich auf sie reagieren.

Die Anwendung von Symbolen ist so alt wie die Menschheit. Jeder von uns hat aber auch seine ureigenen, persönlich bedeutsamen Zeichen, die irgendwann in unserem Leben Bedeutung erlangt haben. Doch gibt es auch eine ganze Reihe mehr oder minder allgemein gültiger Symbole, wie etwa das Kreuz, der Kreis, das Achteck oder die Runen.

- *Yin/Yang:* Symbol des Gleichgewichts der beiden sich ergänzenden Naturkräfte. Beide Teile brauchen sich und sind gleichzeitig ein Aspekt des anderen. Genauso wie es kein »warm« ohne »kalt«, kein »hell« ohne »dunkel« oder kein »weiblich« ohne den »männlichen« Gegenpol geben kann.
- *Kreis:* Symbol für den Himmel, aber auch für den ewigen Fluss, denn der Kreis hat keinen Anfang und kein Ende.
- *Quadrat:* Steht für die Erde, die Materie und für Stabilität.
- *Kreis im Quadrat:* Himmel und Erde vereint.
- *Pentagramm:* Aufrecht stehend symbolisiert es den Menschen als Bindeglied zwischen Himmel und Erde. Umgekehrt, das heißt auf dem Kopf stehend, wird es für magische Zwecke missbraucht.

Auch das *Fünfeck* hat eine ähnlich starke Wirkung. Beiden gemeinsam ist, dass sie alles unterstützen, was konstruktiv und von Bestand sein soll.

Angeblich hat Goethe im Boden seines Gartens ein Pentagramm angebracht, um ungestört von unliebsamem Besuch zu sein. Goethe wusste über die Wirkung des »auf den Kopf gestellten Pentagramms« und ließ seine Gäste gegen dessen Spitze laufen. Dies bewahrte ihm seine selige Ruhe, denn fortan blieb ein Teil der Menschen ohnehin draußen, weil sie unbewusst eine Barriere verspürten und daher den Schutzstern nicht überschritten. Denjenigen, die diese »Barriere« überschritten und an seiner Haustür rüttelten, brauchte er nicht zu öffnen, weil dies offensichtlich Menschen mit einer so schlechten Energie waren, dass sie sich nicht einmal von der Störschwingung des Pentagramms hatten abhalten lassen.

Übrigens findet sich der Fünfstern in vielen Staatswappen, und auch das amerikanische Verteidigungsministerium »Pentagon« ist in der Form eines Fünfecks gebaut.

- *Hexagramm*: Hat ebenso wie das regelmäßige Sechseck eine starke Schutzwirkung.
- *Oktogon* bzw. Achteck: Siehe I Ging und Bagua, strahlt Harmonie aus. Lässt sich auch heute noch in vielen antiken Boden- oder Deckengestaltungen finden. Wird als Glück bringend angesehen.

Zusätzlich zu dieser allgemeinen Betrachtung muss jedoch immer der persönliche – intuitive – Bezug zum jeweiligen Symbol geprüft werden. So wird, um ein drastisches Beispiel zu nennen, ein Sonnenallergiker vielleicht andere Symbole als eine geschnitzte Holzsonne wählen, um Chi in einem Raum zu aktivieren. All unsere Erfahrungen, Kindheitsmuster und Prägungen bestimmen, wie ein Gegenstand auf uns wirken wird. Achten Sie daher insbesondere auf Ihre innere Stimme, das Gefühl im Bauch, welches Ihnen mitteilt, wie Ihre individuelle Reaktion darauf sein wird.

Entwickeln Sie Mut zu eigenen Lösungen und Gegenständen, die Sie positiv ansprechen. Ausschlaggebend ist die Wirksamkeit!

Eine Auswahl verbreiteter Gegenstände und deren Bedeutung:

Gegenstand	Symbolische Bedeutung
Sonne	Leben, Männlichkeit
Mond	Fruchtbarkeit, Weiblichkeit
Sonne/Mond	Vereinigung von Gegensätzen
Goldene Früchte	Fülle und Überfluss
Fische	Glück
Offene, leere Schalen	Sammeln die Fülle
Vögel	Leichtigkeit, Unbegrenztheit
Herz	Liebe
Gelbwurz	Reinigend
Roter Punkt	Stoppt den Energiefluss

Zusammenfassung: Welche Hilfsmittel – wofür?

	Aktiviert und hebt Energie an	Erweitert optisch den Raum	Zieht förderliche Energie an	Verteilt und zerstreut zu starkes Chi	Harmonisiert die Raumenergie	Als Zentrum geeignet	Transformierend	Stabilisierend und Energie haltend	Reflektiert und/oder schützt
Klang	•			•	•				
Licht	•	•		•	•		•		•
Pflanzen	•		•	•	•	•	•		
Spiegel		••	•						•
DNS-Spiralen	••			•	••	••	•		•
Kristalle	•				•	•	•		•
Regenbogenkristalle	•			••					•
Delphine	•		•		•	•	•		
Bilder		•			•			•	
Farben	•	•			•	•	•		
Wasser	••			•	•	bedingt	•		
Bewegung	•			••			•		
Steine								•	•
Persönliche Gegenstände	•		•		•		•		

Feng Shui von A–Z

---

*»Die wichtige Sache ist das:
jederzeit fähig sein loszulassen, was wir sind,
für das, was wir werden können.«*
Charles Dubois

Was jede(r) über Feng Shui wissen sollte

A = Außenanlagen

Das äußere Umfeld eines Hauses sollte so gestaltet sein, dass es einen freien und hindernislosen Eintritt des Energieflusses in Richtung der Eingangstüre ermöglicht. Wege werden daher idealerweise in einer sanft gewundenen Form angelegt und sind breit genug, um sich gut darauf zu bewegen.

B = Balkon

Ein Balkon erweitert ein Zimmer, lässt das Gefühl von Freiheit entstehen, signalisiert dem Unbewussten einen Fluchtweg und kann durch duftende Blumen oder durch einen bunten Sonnenschirm das Auge erfreuen. Die meisten Neubauwohnungen verfügen über Balkone, weil damit ein höherer Preis sowohl bei der Vermietung als auch beim Verkauf erzielt werden kann. Allerdings macht ein Balkon wenig Sinn, wenn er nicht benutzt wird oder zum Beispiel als Abstellfläche dient.

In kleinen oder auch größeren Wohnanlagen setzt man sich meist nicht so gern für längere Zeit auf den Balkon, weil man sich dabei oft wie auf einem Präsentierteller fühlt. Die Nachbarn hören mit oder sehen, was man tut, trinkt, isst und mit wem man spricht. Der derzeitige vorherrschende Standard-Balkon widerspricht fundamentalen Feng-Shui-Regeln! Deshalb wäre es wichtig, dass Architekten und Bauträger bei der Konzeption von Balkonen künftig mehr darauf achten, dass dem Bedürfnis nach Privatheit, nach Schutz und Geborgenheit mehr Rechnung getragen wird. Dann erst kann der Balkon die Funktion einnehmen, die ihm eigentlich zugedacht ist, nämlich als erweiterter Lebens- und Wohnraum zu fungieren.

C = *Charakter*

Ganzheitliches Feng Shui ist auch charakterstärkend. Wer sich auf diesen Weg einlässt, wird erleben, wie sich eine Bewertung der Welt in »Gut« und »Böse« irgendwann ad absurdum führt. Selbst im Fluss zu sein, lässt uns auch erkennen, dass unsere Handlungen und Gedanken die Basis für die Ereignisse der Zukunft bilden.

D = *Defizit*

Jedes Haus mit unregelmäßiger Grundform kann untersucht werden, ob ein Fehlbereich oder eine glückverheißende Erweiterung vorliegt.

Faustregel: Ragt ein Vorsprung 50 Prozent oder mehr über den Hauptkörper hinaus, so schafft er ein Defizit. Ist der Vorsprung kleiner, so bringt er eine Stärkung des jeweiligen Bereichs.

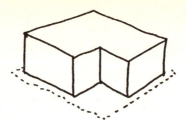

Dieses Gebäude weist einen kleinen Fehlbereich auf.

E = Eingang

Das wichtigste Verbindungsglied zwischen Innen- und Außenwelt ist der Eingangsbereich. Dieser wird im Feng Shui auch als der *Mund des Chi* bezeichnet. Alle Kulturen entwickelten ihre eigenen Gestaltungsideen für Eingänge, denn der in ein Haus Eintretende sollte mit einem erfreulichen und leichten Gefühl empfangen werden. Helligkeit und genügend Platz sind daher Grundvoraussetzungen. Um das Eintreten zu erleichtern, sollte sich die Türe nach innen öffnen und gleich den Blick in den Raum freigeben.

Als Schutz werden sehr oft (neben den bereits erwähnten Rosenkugeln) auch Steinlöwen, und zwar paarweise links und rechts neben dem Eingang platziert. Der Löwe ist übrigens eines der wenigen übertragbaren Symbole, denn auch in unseren Breiten steht er für Stärke, Macht und Sicherheit.

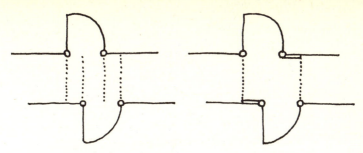
Spiegel oder andere Dekorationselemente können den Versatz der Türen ausgleichen.

Im Innenbereich sollten sich Türen, die sich gegenüber stehen, immer in exakter Flucht befinden. Bereits ein leichter Versatz kann Stress und Disharmonie auslösen. Bringen Sie im überlappenden Bereich, jeweils in Kopfhöhe, einen Spiegel oder ein anderes erfreulich anzusehendes Dekorationselement an, welches die Aufmerksamkeit anzieht. Außerdem sollte der Chi-Fluss bevorzugt in die wichtigeren Räume der Wohnung gelenkt werden, weshalb diese größere Türen erhalten sollten als beispielsweise Abstellräume, Kellerabgänge oder Bäder.

Hintertüren bringen zusätzliche Möglichkeiten ins Leben, dürfen jedoch nicht der Haus- oder Wohnungstüre gegenüberliegen, da sonst Energie ungenutzt wieder aus dem Haus hinauszieht.

F = Fenster

Diese stellen die Kontaktorgane eines Hauses dar und sagen sehr viel über die Bereitschaft aus, sich zur Außenwelt zu öffnen. Große Fensterflächen ohne Vorhänge lassen demnach auf eine Familie mit extrovertierter und offener Gesinnungshaltung schließen.

Fenster zeigen den Gesundheitszustand der Augen an und im

übertragenen Sinne die Fähigkeit, »klar zu sehen«. Daher lohnt sich ein regelmäßiger Putzgang genauso, wie man Wert darauf legen sollte, dass Fenster eine gewisse Mindestgröße haben. Auch sollten keine großen Hindernisse vor den Fenstern den Energiefluss blockieren.

G = *Garage*

Garagen zählen nicht zum Lebensraum und werden daher bei der Betrachtung des Baguas (siehe dazu im Praxisteil: Das glorreiche Bagua) nicht berücksichtigt. Gleiches gilt für andere außen liegende Räume wie Gartengeräteraum, Schuppen oder Ähnliches. Liegt eine Garage sehr dominant *vor* einem Wohnhaus, so dass man beim Nachhausekommen regelrecht von dieser empfangen wird, dann strömt zu viel Energie direkt in die Garage hinein. Das Leben der Menschen im Haus daneben oder dahinter wird daher immer mehr vom Gefühl des »Abgetrenntseins« geprägt. Auch könnte es sein, dass das Auto eine immer wichtigere Rolle spielt und die Familie zu kurz kommt.

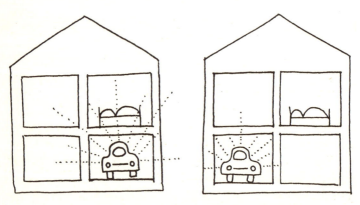

Im Interesse einer guten Schlafqualität sollte der Schlafraum nicht oberhalb der Garage liegen.

Dies ist übrigens ein sehr häufiger Baustil in den Vereinigten Staaten, was die Bewohner a) entweder isoliert, oder b) im anderen Extrem zu »Partytigern« werden lässt, um das Gefühl des Abgeschiedenseins wieder aufzuheben.

Garagen sollten niemals unter Schlafräumen angeordnet sein, da sie Störenergien nach oben senden. Dies würde den Erholungswert des Schlafzimmers erheblich verringern.

H = Hausformen

Je unregelmäßiger eine Hausform, desto dynamischer das Leben. Wir müssen also immer genau wissen, was wir anstreben. Ein Haus, welches Ruhe und Stabilität unterstützen soll, wird anders aussehen als beispielsweise der Grundriss eines erfolgreichen Hollywoodstars.

Stabile Formen sind demnach Quadrate, Rechtecke, Kreise, Achtecke beziehungsweise alle anderen geschlossenen Strukturen. Leichte Vorbauten bringen, wie bereits erwähnt, hilfreiche Zusätze, doch sollte nichts übertrieben werden.

I = I Ging

Acht Grundtrigramme sind die Basis des Baguas. Dies ist die symbolische Abbildung der Kräfteverhältnisse der realen Welt, welche als die »Spätere Himmelssequenz« bekannt ist. Die 8 x 8 = 64 Kombinationsmöglichkeiten können auch als aussagekräftiges Orakel herangezogen werden. In der Tat gibt das I Ging Auskunft zu allen uns wichtigen Lebensfragen, doch müssen die meist verschlüsselten Antworten gut enträtselt werden. Da dieses Weisheitsbuch eine unerschöpfliche Fundgrube an Inspiration und Wissen darstellt, sollte sich jeder Feng-Shui-Praktizierende so früh wie möglich mit dem I Ging beschäftigen.

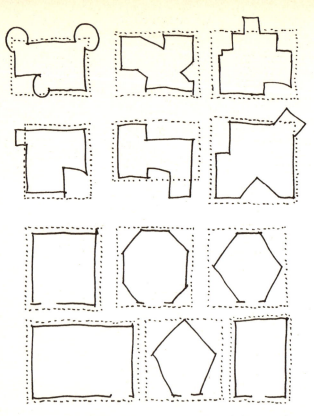

Unruhige Grundrisse deuten auf ein abwechslungsreiches und dynamisches Leben. Harmonische Formen hingegen fördern Stabilität.

J = Jagdmotive

Jagdtrophäen, Abbildungen von Jagdszenen oder von Schlachten oder Kriegen werden von vielen Menschen mit Unbehagen betrachtet. Solche Motive sollten aus dem Umfeld entfernt werden, da sie das Chi belastend beeinflussen könnten.

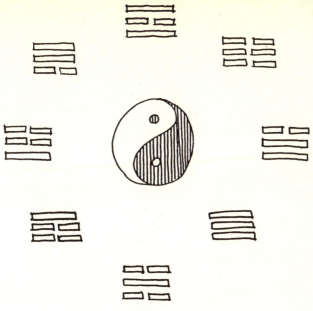

Die Trigramme des I Ging.

K = Keller

Der Keller eines Hauses eignet sich nur sehr beschränkt und in Ausnahmefällen als Wohnraum. Je tiefer man sich unter dem natürlichen Erdniveau ansiedelt, umso schwieriger wird es, mit dem Leben außen mitzuhalten.

Im übertragenen Sinn repräsentiert der Keller aber auch das *Unterbewusstsein*. Ein sehr vollgestopfter und unordentlicher Keller zeigt daher an, dass viele Lebenssituationen ins Unbewusste verdrängt werden. Ordnung machen ist hier angesagt, jedoch mit Bedacht. Nicht alles auf einmal angehen, denn es könnten tief liegende Emotionen hochkommen.

Der Dachboden symbolisiert dagegen die *vergangenen Las-*

Die Throphäe eines Grizzlybären kann Unbehagen auslösen.

ten unseres Lebens. Auch hier sollte immer wieder aufgeräumt und ausgemistet werden.

L = Lüftung

Räume ohne natürliche Be- und Entlüftung werden zu Zonen gestauter Energie. Daher sollte jeder Raum zumindest ein Fenster haben. Dies ist besonders wichtig bei Badezimmern und Toiletten. In Räumen ohne Fenster stagniert das verbrauchte Chi, was zu gesundheitlichen, finanziellen oder persönlichen Problemen führen kann.

M = Magisches Quadrat

Das magische Quadrat stellt ein universelles Energiemuster dar, welches Auskunft über die Zusammenhänge der einzelnen Be-

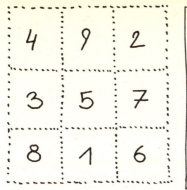
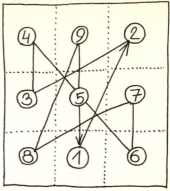

Das magische Quadrat.   *Der Energiefluss im magischen Quadrat.*

reiche des Baguas gibt. Die Harmonie der Beziehungen zwischen den einzelnen Feldern zeigt sich auch darin, dass die Summe aller Felder in jeder Richtung immer 15 ergibt.

N = *Neubau*

Ein Neubau sollte immer ganzheitlich geplant werden. Neben einer Bauplatzanalyse bezüglich Wasseradern, Verwerfungen und Belastung durch Hochspannungsleitungen oder andere Störquellen, sollte auch Rücksicht auf Feng-Shui-Kriterien genommen werden. Achten Sie auf einen harmonischen Grundriss, die richtige Orientierung des Gebäudes und die optimale Ausrichtung der einzelnen Räume. Eine ausgewogene Inneneinrichtung ist genauso wichtig, wie die harmonische Gestaltung der Gartenanlagen. Ein guter Berater kann Ihnen dabei behilflich sein.

O = *Offene Kamine*

Feuerstellen sind potentiell starke Energiebringer, doch erfüllen sie diesen Zweck nur, wenn sie in der kühlen Jahreszeit auch regelmäßig beheizt werden. Ansonsten sollte man besser auf sie verzichten, weil zum Beispiel ein unbenutzter offener Kamin einen permanenten Energieverlust verursacht. Hilfreich ist das Anbringen eines Spiegels über der Feueröffnung, das Aufstellen von zwei schweren Wächtern (üblich sind Keramik- oder Steinfiguren, wie Löwen, Hunde usw.) jeweils links und rechts vom Kamin, aber auch das Platzieren von drei gesunden Zimmerpflanzen im Dreieck vor der Öffnung, idealerweise links, rechts und oben am Sims in der Mitte.

Kaminlösung

P = Palmen

Tropische Pflanzen erfreuen das Auge und bringen ein exotisches Flair in die Wohnung. Da Pflanzen tagsüber Sauerstofferzeuger sind, in der Nacht aber Sauerstoff verbrauchen, sollten nicht zu viele Pflanzen im Schlafzimmer stehen. Dies gilt besonders für tropische Pflanzen, denn diese verbrauchen wesentlich mehr Sauerstoff als heimische Gewächse.

Außerdem sagt man, dass spitzblättrige Gewächse ebenfalls Schneidendes Chi verursachen, was in gewissem Ausmaß auch stimmt. Die Erfahrung hat jedoch gezeigt, dass Pflanzen, zu denen wir eine gute Beziehung haben, uns niemals schaden werden.

Eine Ärztin berichtete von ihrer Lieblings-Yuccapalme, welche sie viel zu nahe an ihrem Arbeitsplatz stehen hatte. Immer wenn die Ordinationszeit bevorstand und die Ärztin den Raum betrat, konnte man beobachten, wie die Palme ihre Blätter leicht einrollte. Diesen Zustand hielt sie so lange, bis der Arbeitstag vorüber war, und erst danach entspannte sie sich sichtbar.

QU = Quelle

Eigenes Wasser auf dem Grundstück zu haben ist eine immer seltener werdende Rarität. Bei guter Wasserqualität stellen der alte Hausbrunnen, der Quellstein oder der Bach eine zusätzliche energetische Bereicherung dar.

R = Raumaufteilung

Der erste Raum, den wir beim Nachhausekommen sehen, prägt unsere Lebensentwicklung. Ist dies die Küche, so wird Essen und Nahrung eine große Bedeutung haben. Sollte der erste Raum das Büro sein, wird Arbeit dominieren, während das Schlafzimmer ein ausgeprägtes Ruhebedürfnis anzeigt. Begrüßt uns hingegen das Kinderzimmer, so wird die Dominanz der Kinder ersichtlich. Ideal ist, wenn der empfangende Raum das Wohnzimmer ist. Dies signalisiert Entspannung und Gemütlichkeit.

S = Sonnenschutz

Der Trend zu großen Fensterflächen hat neben dem Vorteil der guten Belichtung jedoch auch mehr energetische Unruhe gebracht, und zwar durch die verstärke Ein- und Abstrahlungsaktivität. Sonnenschutz ist daher zumindest für die heiße Jahreszeit angebracht. Wenn Lamellenjalousien verwendet werden, so sind senkrecht stehende besser als Horizontallamellen. Idealerweise bringt man an stark von der Sonne beschienenen Fenstern zusätzlich Regenbogenkristalle an.

Der Lichteinfall horizontaler Lamellenjalousien zerschneidet das Chi – ein Effekt, mit dem auch in Hollywood gearbeitet wird.

SCH = Schrägen

Jede dominante Schräge in einer Wohnung ist eine mögliche Ursache von unerwarteten Ereignissen. Am weitesten verbreitet sind Dachschrägen, welche immer dann besonders stark wirken, wenn die schräge Decke sehr niedrig ist und direkt darunter gearbeitet oder geschlafen wird.

Ist die Decke jedoch hoch genug, so dass auch beim Aufstehen vom Schreibtisch oder beim Betreten des Bettes ausreichend Platz zwischen Kopf und Decke frei bleibt, so ist die Wirkung nur geringfügig.

Die hinteren Bereiche solcher Räume mit stark abfallenden Dachschrägen sind klassische Stauzonen der Energie. Sie sollten stets gut beleuchtet sein oder durch sich bewegende Objekte (beispielsweise Mobiles) aktiviert werden. Diese Zonen geben gute Flächen für Einbauschränke ab, die den Raum optisch beruhigen und verhindern, dass sich die Bewohner in den hinteren Winkeln aufhalten können.

Alle Gegenstände und Symbole, welche Energie von unten

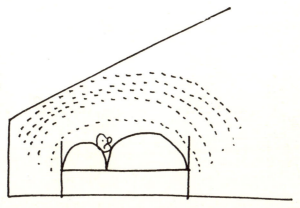

Unter einer Dachschräge zu schlafen wirkt bedrückend.

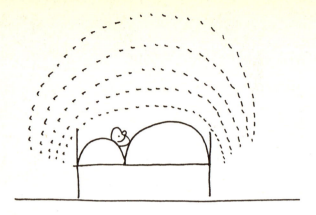

Genügend Platz über dem Körper zu haben verschafft Wohlbefinden.

nach oben leiten, sind gute Ergänzungshilfen für diese Bereiche. Aufsteigende Tapetenmuster, das Bild eines Baumes, eine Bodenvase mit Schilfgras oder Deckenfluter sind weitere gute Lösungen.

T = Träger

Auch Deckenträger beziehungsweise Balken sind hochwirksame Bauelemente. Durch ihr Eigengewicht und ihre Funktion als Trageelement von Lasten strahlen sie um sich eine Aura von Druck und Belastung aus. Diesem Druck sollten Menschen, Tiere und Pflanzen nicht für längere Zeit ausgesetzt sein. Die belastende Wirkung ist übrigens umso stärker, je tiefer der Balken in den Raum ragt und je wuchtiger, dunkler und massiver er ist.

Wer dennoch darunter schlafen, arbeiten, kochen, sitzen oder lernen muss, sollte die Balken optisch entschärfen, zum Beispiel durch eine Zwischendecke oder Stoffbespannung. Außerdem können Gestaltungselemente, welche »anhebend« wirken, zum

Die Partner leben in Scheidung.

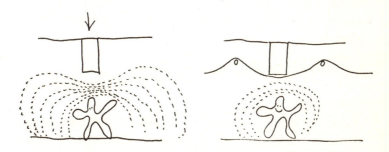

Die bedrückende Wirkung der Balken kann durch eine Zwischendecke oder ein Tuch gemildert werden.

Einsatz kommen. Dazu zählen Farben (nach oben heller werdend), Tapetenmuster oder Bilder mit aufsteigenden, luftigen Motiven oder Licht, welches nach oben strahlt. Dieses Prinzip des Anhebens ermöglicht viele verschiedene Lösungen, und man braucht nicht auf Bambusflöten oder andere chinesische Elemente zurückzugreifen, die unser Auge eher stören würden.

U = Umbau

Bei einem Umbau können Feng-Shui-Schwächen meist recht gut ausgebessert oder zumindest gemildert werden. Achten Sie auf einen harmonischen Fluss der Energie von der Eingangstür beginnend durch die einzelnen Räume. Wo gibt es Hindernisse durch vorstehende Ecken, wo ist es zu lichtlos, und wo ließe sich durch das Verändern der Türöffnungsrichtung der direkte Blick auf das Badezimmer vermeiden?

Ist ein größerer Anbau geplant, beispielsweise ein Wintergarten, so muss auf eine mögliche Veränderung des Baguas Rücksicht genommen werden.

V = Veranda

Veranden und Balkone schneiden manchmal im Grundriss eines Gebäudes einen Teil heraus. Da dies wie ein teilweiser Fehlbereich wirken könnte, muss in solchen Fällen auf eine gute »Belebung« dieser Außenzone geachtet werden. Blumen, Klangspiele, Windsäcke, Vogelfutterhäuschen im Winter, Lichterketten zu Weihnachten, bunte Bänder, kurzum alles, was Chi aktiviert und Aufmerksamkeit dorthin lenkt, ist geeignet – sofern es Ihnen gefällt und der Nachbar davon nicht gestört wird.

W = Windfang

Ein großzügig angelegter Windfang vor der Eingangstüre kann sich günstig auswirken, da er als Klimaschleuse Kälte und Wind abhält und das Gefühl von Geborgenheit fördert. Er wirkt als Filter und Puffer zwischen Außenwelt und Innenwelt und lässt den Übergang von der einen zur anderen Zone sanfter erfolgen.

Geräusche von außen nach innen und von innen nach außen werden gedämpft. Dadurch entsteht mehr Privatheit und Intimität.

Der mögliche Nachteil eines Windfangs besteht darin, dass das Entree des Hauses dadurch etwas an Großzügigkeit verliert. Ein zu enger und vielleicht auch noch durch Schuhe und Kleidung überladener Windfang kann zu einer Chi-Bremse werden.

Z = Zentrum

Dieser Bereich der Wohnung steht für die allgemeine gesundheitliche und energetische Situation eines Hauses. Es kann im Grundriss aus dem Kreuzungspunkt der Diagonalen gefunden werden und sollte frei sein. Näheres dazu im Kapitel »Das glorreiche Bagua«.

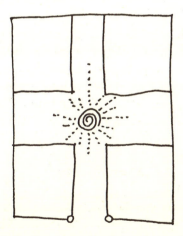

Ein ideales Zentrum sollte frei und unverbaut sein.

Richtig Bauen

Wenn Sie ein neues Haus errichten oder eine Wohnung sanieren wollen, sollten Sie sich intensiv mit der Ausführung beschäftigen. Die Fachleute der modernen Bauwirtschaft wissen oft viel zu wenig Bescheid über die Wirkungen von Baumaßnahmen, müssen jedoch zur Kenntnis nehmen, dass immer früher und immer häufiger Bauschäden auftreten. Dies kann zwar viele Ursachen haben, aber ein wesentlicher Grund dafür ist sicherlich, dass die Gesamtschwingung dieser Bauten immer disharmonischer wird, was nach dem Resonanzgesetz negative Auswirkungen hat. Die Beachtung einiger grundlegender Richtlinien kann helfen, einige dieser Probleme von vornherein auszuschalten. Damit kann ein harmonischeres und stabileres Umfeld für die Zukunft erzeugt werden.

Der gute Standort

Fragen Sie immer nach der Vorgeschichte eines Platzes. Wenn ein Geschäftslokal bereits drei Konkurse erlebt hat oder eine Wohnung zum wiederholten Male wegen einer Ehescheidung aufgegeben werden musste, sollten Sie wachsam sein. Umgekehrt gibt es auch so genannte »Erfolgslagen«, das heißt Objekte mit harmonischer Vorgeschichte, wo sich die Vorgänger gut entwickelt haben und nur deshalb weggezogen sind, weil sie ein noch schöneres Haus gefunden oder neu gebaut haben.

Diese besseren Objekte beeindrucken manchmal nicht durch eine ausgefallene Architektur, Nobeladresse oder ein umwerfendes Panorama, bieten jedoch Beständigkeit und ermöglichen eine stabile Weiterentwicklung. Hier lohnt es sich zu investieren.

Fragen Sie daher auch die Nachbarn, recherchieren Sie im zuständigen Gemeindeamt oder aktivieren Sie andere Informationsquellen. Achten Sie vor allem auch auf die Begleitumstände der Suche. Lief alles wie am Schnürchen, scheinbar zufällig und ohne große Widerstände, oder war es von Anfang an ein Wettlauf mit der Zeit, musste taktiert werden, und gab es zusätzlich auch noch ernsthafte Differenzen mit dem Besitzer?

Auch hier gilt das Resonanzgesetz, welches Ihnen von vornherein mitteilt, ob dieses Objekt mit Ihnen harmonisch in Beziehung steht oder Sie eher abweist. Die »Seele eines Ortes« verspüren Sie am besten in jenem Augenblick, wo Sie das erste Mal Kontakt mit ihm haben, das heißt, beim ersten Schritt in die Wohnung oder auf das Grundstück.

Achten Sie ganz genau auf Ihr Gefühl! Hier entscheidet sich, ob Sie die Signale Ihrer inneren Stimme wahrnehmen, oder ob Sie sich von Ihrem Verstand beeinflussen lassen. Dieser lässt sich leicht täuschen und orientiert sich an formalen und äußerlichen Gegebenheiten. Die Intuition, das innere Gespür, wird dabei allzu leicht übersehen, was sich später als Fehler herausstellt. Viele bedeutende Manager geben offen zu, dass sie die wirklich wichtigen Entscheidungen alle »aus dem Bauch heraus« treffen und damit gut beraten sind. Warum sollte dieses Erfolgsgeheimnis nicht auch Ihnen helfen?

Die optimale Bauplanung

Sehr oft wird alles, was mit Planung zu tun hat, als notwendiges Übel gesehen. Hier wird vehement gespart, denn mit dem ersparten Geld kann man sich ein schöneres Badezimmer oder ein luxuriöseres Schlafzimmer leisten. Doch wie soll bei undurchdachter Planung jemals ein stimmiges und für Ihre persönlichen Bedürfnisse abgestimmtes Lebensumfeld geschaffen werden? Planung ist ein Reifungsprozess, welcher Zeit braucht und einen freundschaftlichen Dialog mit dem Architekten. Suchen Sie sich daher den Planer Ihres Vertrauens, welcher sich bemüht, Ihren Bedürfnissen zu entsprechen, anstatt sich selbst zu verwirklichen. Überstürzt abgewickelte Planungsphasen haben in der Regel bereits auf der Baustelle große Probleme zur Folge. Wer den Fluss schneller befahren möchte als es die natürliche Strömung vorgibt, muss mit permanenten Zusatzanstrengungen rechnen.

Die Harmonie der Ausführung

Ein Platz »merkt sich« gewissermaßen alles, was mit ihm geschehen ist. Die Kulturen des Ostens wussten dies, weshalb dort nur die »Weisesten der Weisen« bauen durften. Ganz besonders galt dies für Sakralbauten wie Tempel und Klöster. Die harmonische Planung wurde durch die stimmige Bauausführung erst ins Leben gerufen. Deshalb vermied man tunlichst jeden Stress und Streit auf der Baustelle. Stattdessen wurde in Ruhe und mit Bewusstheit Ziegel auf Ziegel gefügt, gemörtelt, gemeißelt und geschreinert.

Wie anders läuft hingegen unser heutiges Baugeschehen ab: Termindruck, Einsparungsmaßnahmen, Stress sowie Maschinenkrawall prägen den Alltag. Ist es deshalb verwunderlich, dass modernen Objekten oft die Harmonie fehlt?

Wichtige Details des Bauens

Wegen ihrer Bedeutung sollen hier einige aus Feng-Shui-Sicht interessante Baudetails erläutert werden. Diese Aufzählung erhebt weder den Anspruch auf Vollständigkeit, noch ersetzt sie den Rat eines kompetenten Experten. Vielmehr will sie anregen zu eigenen Überlegungen und Erkundigungen.

o Sollten Sie eine *Fußbodenheizung* planen, so bedenken Sie bitte folgendes: Der menschliche Körper mit seinen Energieflüssen ist eher darauf ausgelegt, der natürlichen Wärmeverteilung, nämlich unten kühler und oben wärmer, zu folgen. Eine permanente künstliche Erwärmung der Beinzonen kann daher zu Schwellungen, Staus und Krampfadern führen. Außerdem kann bei mit Wasser gefüllten Systemen durch das zirkulierende Wasser eine zusätzliche Störenergie in die Räume verteilt werden.

o Dazu ist dieses Wasser meist durch Druck, Temperatur und Schmutz in den Leitungen in seiner Vitalität sehr beeinträchtigt, weshalb es für die Bewohner energieabziehend wirkt. Das Gleiche gilt für *Zentralheizungen*. Hier muss unbedingt eine »Wiederverlebendigung« des Wassers erfolgen, was sowohl die Wirkung auf das Umfeld harmonisiert als auch den Heizwirkungsgrad erhöht. Geeignete Hilfsmittel und Geräte, die mit unterschiedlichsten Methoden die Lebensenergie im Wasser wieder erhöhen, sind im Handel erhältlich. Diese verwenden beispielsweise Kristalle, angereichertes Wasser oder Magnete, um die gewünschte Wirkung zu erzielen.

o Auch *Entkalkungsanlagen* und sonstige Aufbereitungsgeräte, deren Ziel die Reinigung von chemisch oder mechanisch erfassbaren Inhaltsstoffen des Wassers ist, sind in ihrer Sinnhaftigkeit zu überdenken. Wer das Prinzip der Homöopathie kennt, weiß, dass ab einem gewissen Verdünnungsgrad kein einziges Teilchen des Ausgangsstoffs mehr in der Arznei vorhanden ist. Dennoch kann ein einziger Tropfen einer solchen Hochpotenz einen Menschen heilen oder andere dramatische Reaktionen auslösen.

o Das Geheimnis liegt wie überall auch hier in der Information. Daher kann sogar chemisch reines Wasser oft schädigend wirken, da es ja immer noch die Schadstoffinformation enthält, vielleicht sogar potenziert durch den technischen Eingriff. Mit Sicherheit erleidet das Wasser aber durch diesen Prozess eine energetische Schwächung.

o Es wäre daher sinnvoller, die Eigenschwingung und Heilkraft des Wassers wieder zu stärken, weil dadurch der Organismus gekräftigt wird. Außerdem werden mögliche belastende Begleitstoffe des Wassers angeregt, den Körper schnell wieder zu verlassen, ohne den Organismus zu schädigen.

o Vermeiden Sie zu *große Fensterflächen*, da dies ab einer gewissen kritischen Grenze zum »Glashauseffekt« führen kann. Zum einen würde durch die starke Ein- und Abstrahlungsaktivität sehr viel Unruhe in Ihren Chi-Haushalt einkehren, zum anderen würde die Geborgenheit, welche wir alle benötigen, sich verlieren.
Speziell *Wintergärten* müssen daher mit Klangspielen, Pflanzen oder auch Kristallen stabilisiert werden.

o Über mehrere Geschosse *offene Räume*, meist das Wohnzimmer, führen ebenfalls zu vermehrter Unruhe und Instabilität. Achten Sie daher besonders auf eine gute und Sicherheit verschaffende Sitzanordnung und vermeiden Sie zu luftige Möblierung. Die Einrichtung muss erdend und zentrierend wirken.

o *Durchzugsachsen*, also gegenüberliegende Öffnungen im Haus ziehen die Energie direkt wieder hinaus und sollten daher vermieden oder zumindest unterbrochen werden.

o *Säulen* in Räumen oder vor Gebäuden sollten besser rund als eckig ausgeführt werden. Dies vermeidet Schneidendes Chi,

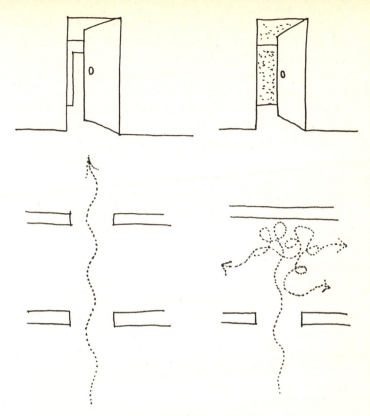

Durchzugsachsen führen zu Energieverlust und sollten daher vermieden oder beispielsweise mit Regenbogenkristallen oder Pflanzen unterbrochen werden.

und die Energie kann besser um sie herumfließen. Achten Sie darauf, dass keine Säule den Eingang blockiert oder überschattet.

o *Abschirmgeräte* gegen unterirdische Störeinflüsse sind mit äußerster Vorsicht zu behandeln. Energie kann nach dem Energieerhaltungssatz nicht aufgelöst, sondern nur umgewandelt werden. Eine dauerhafte Abschirmung kann daher nicht erfolgen, und sehr oft laden sich diese Apparaturen auch noch selbst auf, was die Gefahr zusätzlich erhöhen kann. Außerdem müssten solche Geräte laufend kontrolliert und gegebenenfalls nachjustiert werden.

- *Katzen* sind Strahlensucher und können mit ihrem Fell umpolarisieren. Daher streichen sie auch so gerne um die Beine ihrer Besitzer. Auch *Buchsbäume* können unterirdische Wasseradern im Garten umpolen, weshalb man sie so häufig in Bauerngärten und vor den Eingängen älterer Anwesen findet. Auch Mistelzweige können denselben Effekt erzielen. In der Natur wächst die Mistel bevorzugt an solchen Stellen, wo sie belastete Zonen wieder neutralisiert.
- Beim Verarbeiten von Mauerziegeln sollten so oft wie möglich ganze Ziegel verwendet werden. Ein Ziegel soll »klingen«, daher auch der alte Brauch des Daraufklopfens. Gebrochene Ziegel, auch durch nachträgliche Mauersprünge, können Störenergien verursachen. Brüche und Risse deuten immer auf ein latentes Streitpotential und auf Unruhe in einem Haus hin.

Die Umsetzung
in die Praxis

»Ich kann Dir sagen, wie Du es
tun musst – und Du wirst es vergessen.
Ich kann es Dir zeigen – und
Du wirst mich kopieren.
Nur wenn Du es selbst tust –
wirst Du wirklich verstehen.«
Chinesisches Sprichwort

a) Das glorreiche »Bagua«

Der Grundriß einer Wohnung gibt Auskunft über mögliche Stärken oder Schwächen der Bewohner. Ausgehend vom magischen Quadrat beziehungsweise den Trigrammen des I Ging wird ein Raster von neun gleich großen Zonen ermittelt.

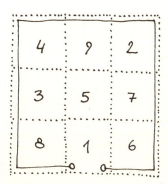

Beginnend beim Eingang legt man den Bagua-Raster über den Grundriss einer Wohnung.

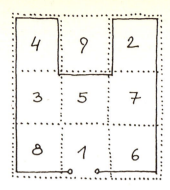

Der Eingang liegt im Bereich 1-Karriere,
und die Zone 9-Ruhm *fehlt vollständig.*

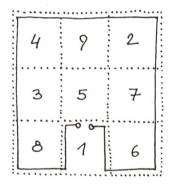

Der Eingang liegt im Bereich 1-Karriere,
aber durch den Einschnitt ist diese Zone sehr geschwächt.

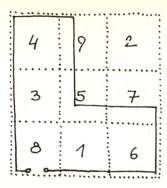

Der Eingang liegt im Bereich 8-Wissen, und die Zonen 2-Partnerschaft, 7-Kinder, 9-Ruhm und 5-Zentrum fehlen ganz oder teilweise. Dies wird sich als Defizit im Leben der Bewohner auswirken.

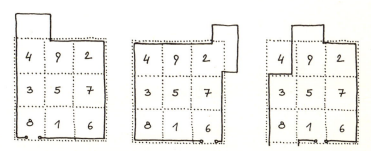

Grundrisse mit hilfreichen Erweiterungen. Die vorstehenden Hausteile sind jeweils unter 50 Prozent der Länge oder Breite.

Die Bedeutung der Bagua-Zonen

1. Karriere

Trigramm: Wasser
- Lebensweg
- Beruf
- Das Rechte zur rechten Zeit tun
- Vertrauen auf Führung
- Im Fluss sein

Schlüsselfrage: *Entspricht Ihr Beruf (Ihr Lebensweg) dem, was Sie aus tiefstem inneren Empfinden heraus wirklich machen wollen?*

Nur wenn wir den Mut haben, das zu tun, wofür wir hier sind, steigen wir in den Fluss des Lebens ein. Dies gilt für alle Aspekte unseres Lebens, weshalb »Karriere« auch mehr als nur den beruflichen Erfolg meint. Jeder Mensch ist einzigartig und hat besondere Fähigkeiten. Dabei ist es völlig egal, aus welchen Verhältnissen jemand kommt oder welchen Beruf er ausübt. Die Zone »Karriere« Ihrer Wohnung erzählt viel mehr darüber, wie sehr Sie bereit sind, Ihrer Berufung zu folgen. Nicht *was* jemand macht ist entscheidend, sondern ob es mit Hingabe und Freude gemacht wird.

Tipp: Da diese Zone Ihrer Wohnung mit *Wasser* in Resonanz steht, sollte sie auch »fließend und beweglich« gestaltet sein. Dazu zählt eine großzügige, vor allem aber unblockierte Raumgestaltung, so dass sich die Menschen hindernisfrei bewegen können. Aber genauso wichtig für den Fluss ist helles Licht. Als Dekoration lassen sich besonders gut Bilder mit Wassermotiven oder Muster mit fließenden Formen integrieren.

Sollte der Eingang Ihrer Wohnung in der Zone 1-Karriere liegen, so achten Sie darauf, dass dieser Bereich nicht durch Möbel, eine vollgehängte Garderobe oder herumstehende Schuhe blockiert ist.

Eine Treppe in diesem Bereich zeugt von einem anstrengenden Lebensweg (eventuell auch beruflich), mit permanentem »Auf und Ab«.

Ein Fehlbereich kann den Bereich Niere, Blut, Blase oder auch Sexualität schwächen, während eine Erweiterung für finanzielles Geschick und die Fähigkeit, gut mit anderen Menschen zusammenzuarbeiten, steht.

2. Partnerschaft

Trigramm: Erde, Partnerschaft, Ehe
o Bester Freund
o Nachbarn
o Beziehung zu anderen
o Geschäftspartner

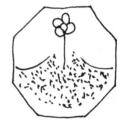

Schlüsselfrage: *Wie geht es Ihnen in Beziehungen mit anderen Menschen?*

Wir sind ständig in Kontakt und Austausch mit anderen Menschen. Unser Auskommen mit ihnen hängt sehr von der eigenen Fähigkeit ab, offen und empfangend für deren Anliegen zu sein.

Dann nämlich verhalten wir uns wie die *Erde,* welche als das weiblichste aller Trigramme für Offenheit und Empfänglichkeit steht.

Wer also Probleme mit Nachbarn, dem Partner oder den Arbeitskollegen hat, sollte sich die Zone 2-Partnerschaft anschauen. Es würde sich beispielsweise lohnen, die Schmutzwäsche aus diesem Wohnungsbereich zu entfernen oder Symbole von Aggression oder Einsamkeit durch Motive von Harmonie und Gemeinsamkeit zu ersetzen.

Tipp: Die Zone 2-Partnerschaft zeigt sich bei vielen von uns als besonders wichtig. Daher sollte jedes Zeichen von Belastung entfernt werden, wozu alte Möbel oder disharmonische Bilder genauso gehören wie Gerümpel oder Schmutz in der Ecke. Gestalten Sie diese Ecke so bewusst wie möglich und geben Sie nur solche Dinge dorthin, welche eine aufbauende und beziehungsfördernde Bedeutung haben. Gemeinsame Bilder von Ihnen und Ihrem Partner, paarweise Gegenstände mit starker Symbolik, gesunde blühende Blumenstöcke oder auch Partnerdelphine seien hier aus der Fülle an Möglichkeiten beispielhaft genannt.

Ein Fehlbereich in der Zone 2-Partnerschaft kann Beziehungsprobleme andeuten, aber auch Probleme mit Fruchtbarkeit, Schwangerschaft sowie mit der Gesundheit der Frauen im Hause. Umgekehrt bedeutet eine Erweiterung, dass viel konstruktive Energie für die oben angeführten Aspekte zur Verfügung steht, wenngleich sie in diesem Fall förderlicher für Frauen als für Männer ist.

3. Familie

Trigramm: Donner
o Eltern
o Ahnen
o Vorgesetzte

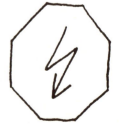

Schlüsselfrage:
Wie ist das Verhältnis zu Ihren Eltern?

Alle Menschen, die vor Ihnen lebten, also Ihre Eltern, Großeltern usw., entsprechen dem *Donner*. So wie der Donner dem Sturm vorangeht, so sind hier zwar einerseits Ihre biologischen Vorfahren gemeint, aber genauso Ihre Chefs, Vorgesetzten oder Förderer, also die, die vor Ihnen da waren und Ihr jetziges Hiersein ermöglichten und unterstützten.

Sehr oft fällt auf, dass in der Zone 3-Familie stark trennende Bauelemente (tragende Mauern, Kamine) und Symbole zu finden sind. Dies spiegelt Ihre Beziehung zu den Eltern wider und kann auf sehr subtile Art auffordern, eine neue Art der Verständigung mit ihnen zu finden. Übrigens steht die Zone 3 des Bagua der Zone 7 (Kinder) genau gegenüber.

Tipp: Wenn Sie Bilder Ihrer Vorfahren aufhängen möchten, dann bietet sich diese Zone gut an. Die Erinnerung an belastende Menschen sollte jedoch nicht aufgefrischt werden, weshalb gut zu überlegen ist, wen Sie in Ihre Ahnengalerie aufnehmen. Da die Zone 3 mit der Energie von frischem, wachsendem Holz assoziiert wird, können auch Motive, Bilder und Gegenstände, welche diese aufstrebende und wachsende Dynamik in sich bergen, Verwendung finden. Auch größere Pflanzen passen hier sehr gut.

Fehlt bei Ihnen ein Teil dieses Guas (so nennt man die einzelnen Abschnitte des Bagua), dann könnten Spannungen, Konflikte und Belastung durch Lärm mögliche Folgen sein. Auch sagt man, dass solche Häuser jede Art von Fortschritt erschweren.

Eine Erweiterung in der Familienzone deutet hingegen auf ein aktives und glückliches Leben mit gesundem Selbstvertrauen und wachsender Unabhängigkeit.

4. Reichtum

Trigramm: Wind
- Innerer und äußerer »Reichtum«
- Zufriedenheit
- Glückliche Umstände
- Geld

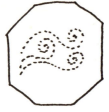

Schlüsselfrage: *Wie oft gibt es Momente in Ihrem Leben, wo Sie sich innerlich reich und gesegnet fühlen?*

Das Gua des Wohlstands wird von vielen Menschen leider nur als Zone des Geldes interpretiert. Doch ähnlich wie der Wind durch die Landschaft streicht und dabei alles durchdringt, sollten auch wir in allem, was das Schicksal zu uns schickt, immer das Schöne und Außergewöhnliche erkennen. Es sind meist die kleinen Dinge die wirklich wesentlich sind. Selbst wenn es mit dem Millionengewinn in der Lotterie wieder nicht geklappt hat, oder Sie sich in einer schwierigen Lebensphase befinden, gibt es viele Bereiche, wo Sie sich über Gesundheit, menschliche Kontakte, Erkenntnisse, gute Omen und vieles andere freuen können.

In fast jeder Wohnung finden sich aussagekräftige, jedoch oft hemmende Symbole in der Zone 4-Reichtum. Dies liegt an den vielfältigen Kindheitsmustern, die wir alle in uns tragen. So meinen viele Menschen, dass das Leben eher Last als Freude zu sein hat, dass Wohlstand und Glück nur den anderen zustehe oder dass es wirkliches Glück gar nicht gebe.

Diagonal gegenüber im Bagua zeigt sich die Zone 6-Hilfreiche Menschen, welche klar mitteilt, dass wir nur dann beständige Fülle (geistig wie materiell) anziehen werden, wenn wir auch bereit sind zu geben. Je mehr wir bekommen wollen, desto mehr müssen wir lernen, freiwillig loszulassen. Das ist das Gesetz von Geben und Empfangen.

Tipp: Um Fülle anzuziehen, müssen Sie aber auch Platz dafür schaffen, also aufräumen. Gegenstände, welche wie ein Sammelbehälter wirken, wie beispielsweise leere Kristallschüsseln, sammeln das Wohlstands-Chi. Auch Wasser (Aquarium, Zimmerbrunnen, Wasserschale mit Blüten, Wasserfallbild) zieht Geld an. Andere Symbole, die Sie an Überfluss erinnern, können ebenfalls eingesetzt werden.

Eine fehlende Ecke in 4-Reichtum kann permanente Geldnöte nach sich ziehen, aber es können dadurch auch Probleme in anderen Lebensbereichen auftauchen, so dass sich das Gefühl des »inneren Reichtums« nicht einstellt.

Eine Wohnung mit ausgeprägter Zone 4 bewirkt eine gute Hand für Finanzen, fördert Zufriedenheit. Die Bewohner sind meist erfolgreich und haben eine soziale Glaubwürdigkeit.

5. Zentrum (Tai Chi)

o Gesundheit
o Vitalität
o Vereinigung und Integration
o Innere Mitte finden
o Ausgeglichenheit

Schlüsselfrage:
Wie geht es Ihnen gesundheitlich?

Alle asiatischen Bewegungs- und Kampfsportarten ziehen ihre Kraft aus dem Bereich der Körpermitte. Diese Region im unteren Bauchbereich, auch Solarplexus, Hara oder Dantien genannt, findet sich in jedem Gebäude, aber auch in *jeder Wohnung*. Ähnlich wie ein üppiges Mittagessen konzentriertes Denken nahezu unmöglich macht, kann eine Wohnung innerlich stagnieren, wenn ihr Zentrum blockiert ist.

Daher sollten sich in der Mitte der Wohnung (dem Tai Chi) keine Mauern, Kamine, Abstellräume oder Stiegen befinden.

Wo liegt denn Ihre Mitte?

Tipp: Schaffen Sie so viel Freiraum wie möglich in Ihrem Wohnungszentrum. Sorgen Sie für gute Beleuchtung und aktivieren Sie das Zentrum mit einer DNS-Spirale. Auch eine stehende Bergkristallspitze oder ein im genauen Zentrumspunkt an der Decke aufgehängter größerer, kugelförmiger Regenbogenkristall können das Chi des Zentrums stabilisieren. Bei einem blockierten oder fehlenden Tai Chi sollten so genannte »Ersatzzentren« geschaffen werden, indem in zwei wichtigen Räumen der Wohnung jeweils die Raummitte aktiviert wird.

Ein freies Zentrum sorgt für Stabilität und schafft die Voraussetzung für das Empfinden von innerer Geborgenheit. Die Heilung von einer Krankheit wird dadurch positiv beeinflusst, und auch die Lebensenergie kann besser genutzt werden. Ist das Tai Chi jedoch blockiert oder fehlt es ganz, erstreckt sich das Leben nur auf die Randbereiche, und vieles wird über Arbeit, Partnerschaft etc. kompensiert. Die verbindende und integrierende Qualität fehlt, was das Beschreiten von Umwegen erforderlich macht.

6. Hilfreiche Freunde

Trigramm: Himmel
o Unterstützung von außen und nach außen durch
o Geben und Empfangen.
o Reisen

Schlüsselfrage: *Haben Sie besondere Freunde, die jederzeit für Sie da sind?*
Sind auch Sie für jemanden ein außergewöhnlicher Freund?

Diese Zone 6-Hilfreiche Freunde ist das Tor, durch welches die Geschenke des Himmels in Form von guten Hinweisen, »zufälligen« Bekanntschaften, unterstützenden Mitarbeitern, freiwilligen Helfern oder durch Hilfe aus der geistigen Welt (»Schutzengel«) in Ihr Leben treten. Doch es ist auch die Zone der Hilfsbereitschaft, wo Sie wiederum anderen Menschen, Institutionen oder einer guten Sache helfen. Da der Bereich 6-Hilfreiche Freunde dem Bereich 4-Reichtum gegenüber liegt, ist diese Form der freiwilligen und von Herzen kommenden Unterstützung auch das Geheimnis nachhaltigen Glücks.

Tipp: Ideal geeignet zum Aktivieren sind hier Mineralien, Halbedelsteine, Diamanten oder Kristallobjekte. Das Trigramm *Himmel* stellt das männlichste aller Trigramme dar.

Ein Fehlbereich in dieser Zone bedeutet oft Probleme im Umgang mit Behörden oder Vorgesetzten. Vor allem Männer sind von dieser Fehlzone betroffen und daher auch gesundheitlich eher anfällig.

Liegt jedoch eine Erweiterung vor, so kann sich daraus eine kooperative, hilfreiche Haltung gegenüber anderen Menschen entwickeln. Dadurch entstehen in der Folge Glück und Wohlstand.

7. Kinder

Trigramm: See
- Kinder
- Ideen
- Kreativität
- Projekte
- Filialen, Ableger

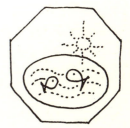

Schlüsselfrage: *Wie oft nehmen Sie sich Zeit für die schönen Dinge des Lebens?*

Der Bereich 7-Kinder hat eine natürliche Beziehung zu Kreativität und Selbstverwirklichung. Deswegen steht er auch für die Kinder, welche wohl als der Inbegriff des kreativen Selbstausdruckes gelten mögen. Ähnlich wie die Ausstrahlung eines schönen Sees uns inspirieren und beflügeln kann, sollten wir diese Qualität auch im Alltag leben, indem wir uns kreativ und schöpferisch ausdrücken.

Tipp: Alles, was an Lebensgenuss erinnert, wie das Bild einer romantischen Abendstimmung am Meer, feines Essen und Trinken, eine Blütenpracht, ausdrucksstarke Kunstwerke oder harmonische Musik, kann diese Zone aufwerten.

Wenn der Bereich 7-Kinder fehlt oder stark geschwächt ist, neigt man zu leichtsinniger Geldverschwendung und allzu spielerischem Denken. Auch können Klagen, Streit und ein eher lockerer Umgang mit der Wahrheit die Folgen sein.

Haben Sie jedoch eine Erweiterung in diesem Gua, dürften Sie wahrscheinlich eine Ader zum Lebensgenuss haben, umgänglich sein und vielleicht auch eine gewisse Beredsamkeit aufweisen. Jedenfalls scheinen Sie eine Hand für finanzielle Gewinne zu haben.

8. Wissen

Trigramm: Berg
o Studium
o Schule
o inneres Wissen
o Kontemplation, Meditation

Schlüsselfrage: »*Was ist Ihnen besonders heilig in Ihrem Leben?*«

Nur wer in die Stille geht, wird mit seinem tiefsten Innern in Kontakt kommen. So wie der Berg innen Hohlräume aufweist, wo sich die Weisen zum Meditieren zurückzogen, sollten auch wir in unsere inneren Räume gehen, um zu erfahren, wer wir sind und was unsere wahre Lebensaufgabe ist. Dazu bedarf es allerdings der Stille – ein krasser Widerspruch zu unserem immer schriller und dynamischer werdenden Alltagsleben.

Tipp: Die Zone 8-Wissen wird symbolisiert durch Einzelgegenstände, leere Gefäße wie Schachteln, Gläser, Krüge oder auch Räume und Gebäude, welche ja ebenfalls wie ein Berg einen offenen Innenraum haben. Bilder von Bergen oder heiligen Plätzen sind in diesem Bereich gut geeignet.

Ein Fehlbereich kann (ebenso wie eine Erweiterung) in dieser Zone eine Anfälligkeit für Verletzungen sowie Rücken- oder Gewichtsprobleme andeuten. Auch Selbstsucht kann zum Thema werden und somit die Ursache für familiäre Konflikte sein.

Diese Wissenszone sollte am besten weder ein Defizit noch eine Erweiterung aufweisen. Ein ausgewogener Grundriss unterstützt beim Ablegen schlechter Gewohnheiten und hilft beim Wechsel des Lebensstils zum Positiven hin. Außerdem kann er Heirat und Erbschaft positiv unterstützen.

9. Ruhm

Trigramm: Feuer
o Ansehen
o Weisheit
o »Erleuchtung«

Schlüsselfrage: *Wie wichtig ist es Ihnen, was andere von Ihnen denken?*

Die Baguazonen von 1 bis 9 stellen symbolisch auch den Lebensweg eines Menschen dar. Was wir am Höhepunkt unserer Entwicklung (Zone 9-Ruhm) erreicht haben sollten, ist Klarheit und zumindest ein bisschen Weisheit. Im übertragenen Sinne erhellt uns also das Licht des Feuers und leuchtet durch uns. Das ist es, was mit »erleuchtet« gemeint ist, oder wenn man von einem »strahlenden Menschen« spricht. Personen mit einer solchen aktiven Feuerkraft sind auch in der Lage, andere zu inspirieren.

Für Menschen, die in der Öffentlichkeit stehen, ist die Zone Ruhm gleichbedeutend mit Ansehen, das heißt, wie sie von der Umwelt wahrgenommen werden.

Tipp: Alles, was Klarheit fördert und inspirierend wirkt, kann die Zone 9-Ruhm befruchten. Dazu zählen Licht und die Feuerfarbe Rot genauso wie Meisterwerke großer Künstler oder Musikstücke, die uns tief bewegen. Achten Sie immer auf saubere Fenster und reparieren Sie beschädigte Gegenstände sofort.

Ein Fehlbereich in diesem Teil des Bagua kann bedeuten, dass Sie stark von der Meinung anderer beeinflusst werden und Ihr Selbstbewusstsein vermutlich instabil ist. Eine Erweiterung fördert ein gutes Image in der Öffentlichkeit, öffnet aber auch Kanäle zu tiefen und wesentlichen Erkenntnissen über das Leben.

Zusammenfassung

Jede Zone des Baguas spiegelt einzelne Bereiche Ihres Lebens und zeigt, wo Verbesserungen notwendig sind. Wichtig ist, dass alle Zonen vorhanden und auch gut belebt sind.

Das Bagua meint aber nicht, dass sich in der Zone Partnerschaft das eheliche Schlafzimmer befinden muss oder im Kinderbereich das Kinderzimmer. Dies wird auch selten möglich sein. Die tatsächliche Nutzung gibt jedoch Auskunft darüber, wie das Leben geprägt ist. So kann etwa ein intensiv genutzter Arbeitsplatz in der Zone 2-Partnerschaft bedeuten, dass die Beziehung sehr stark über die Arbeit gelebt oder beeinflusst wird.

o Zeichnen Sie das Bagua über den Grundriss Ihrer Wohnung. Dies ist für jedes Geschoss extra erforderlich.
o Ausgangsbasis ist die Eingangstüre, über die Sie die Grundlinie des Bagua legen. In einem Einfamilienhaus ist dies die Haustüre, ansonsten die Wohnungstüre, welche den Privatbereich von der Außenwelt trennt. In allen weiteren Geschossen wird der letzte Absatz der Treppe als »Eingangstüre« angesehen. Schräge Eingänge werden »gerade gestellt«, je nachdem aus welcher Richtung der Hauptenergiefluss kommt.
o Ein Bagua kann auch für längliche oder unförmige Grundrisse gemacht werden. Bei unregelmäßigen Formen muss immer zunächst der harmonische Grundriss nach der 50-Prozentregel (siehe Seite 151 ermittelt werden, welcher dann in beiden Richtungen gedrittelt wird.
o Aus dem darübergezeichneten Raster erkennen Sie, welcher der Teile fehlt oder im positiven Sinne als hilfreicher Zusatz wirkt.
o Üblicherweise zeigt sich die Wirkung eines Fehlbereichs als Schwächung und die eines Zusatzes als Verstärkung, was sich als Mangel oder als Fülle in dem jeweiligen Lebensbereich äußert. Eine Ausnahme stellt lediglich die Zone 8-Wissen dar, die weder verkleinert noch vergrößert sein sollte.
o Sie können für alle 9 Zonen auch selbst Hilfsmittel erfinden, sofern diese dem Zweck der jeweiligen Zone entsprechen und sich auch gut »anfühlen«. Eine nachhaltig falsche Lösung kann es daher gar nicht geben, denn sie würde Unbehagen auslösen, was sogar sehr unsensible Menschen früher oder später wahrnehmen würden.
o Übrigens kann mit Hilfe des Bagua auch jedes einzelne Zim-

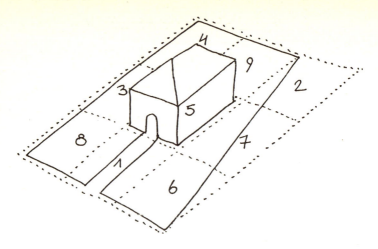

Diesem Grundstück fehlt teilweise die Ecke 2-Partnerschaft sowie ein Abschnitt aus 7-Kinder. Der minimale Fehlbereich in 6-Hilfreiche Freunde kann vernachlässigt werden. Eine abwechslungsreiche Bepflanzung an der Grundstücksgrenze (oder gute Beleuchtung) kann für Ausgleich sorgen.

Das Bagua des Schreibtisches orientiert sich am Sitzplatz.

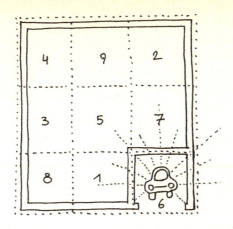

Garagen, Gartengeräteräume oder andere nicht zum Lebensbereich zählende Hausteile fallen aus dem Bagua heraus. Dies kann Fehlbereiche erzeugen.

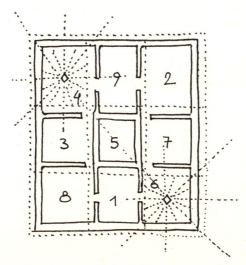

Wenn das Zentrum durch eine Mauer, einen Kamin oder eine Treppe blockiert ist, kann durch zwei Ersatzzentren Abhilfe geschaffen werden. Zentrieren Sie dazu den Mittelpunkt von zwei Wohn- oder Arbeitsräumen mit einem Regenbogenkristall oder einer DNS-Spirale.

mer Ihrer Wohnung analysiert werden, ebenso der Schreibtisch. Und sogar das Grundstück hat sein eigenes Bagua. Bezugsebene ist immer der jeweilige »Eingang«, also beim Raum die Zimmertüre, beim Grundstück die Einfahrt oder das Gartentor und beim Schreibtisch der Sitzplatz.
o Das jeweilige »Hauptbagua« befindet sich dort, wo Sie die meiste Zeit verbringen. Da sich die meisten Menschen mehr im Innern des Hauses aufhalten, wirkt das Bagua des Hausgrundrisses stärker als jenes des Grundstücks. Bei einem Berufstätigen wird das Bagua des Büros wesentlich wirksamer sein, als beispielsweise das des häuslichen Esszimmers.

So können Fehlbereiche ausgeglichen werden:

Zum Harmonisieren der Defizitwirkung von Fehlzonen können drei verschiedene Methoden herangezogen werden:
o Sollten Sie im Außenbereich arbeiten können, also auf der Terrasse, dem Balkon oder auf dem Grundstück selbst, so

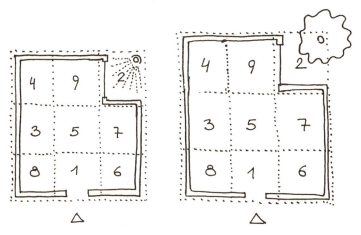

Ein Licht oder ein Strauch kann die fehlende Zone aktivieren.

kann direkt an dieser Stelle »aktiviert« werden. Eruieren Sie den Eckpunkt der Fehlzone und platzieren Sie dort ein Licht, eine Pflanze, eine Figur, einen Stein oder ein bewegliches Objekt wie eine Fahne oder ein Windrad. »Füllen« Sie den verbleibenden Fehlbereich im Außen mit weiteren aktivierenden Maßnahmen. Betrachten Sie diese Zone als erweiterten Innenbereich und halten Sie sich so oft wie möglich dort auf. Damit wird er immer mehr Ihrem Lebensraum zugehörig.

o Die zweite Möglichkeit zum Aktivieren des Fehlbereichs liegt direkt an den Innenwänden der Fehlzone. Spiegel klappen den Raum gewissermaßen von innen nach außen und machen diesen optisch weiter. Sollte der fehlende Teil bei Ihrem Nachbarn liegen, so ist diese Methode ebenfalls geeignet. Schließlich stärken Sie nur Ihr eigenes Energiefeld, lassen seines aber völlig unberührt.

Wenn Fenster vorhanden sind, können in diesen Regenbogenkristalle angebracht werden, welche eine Verbindung nach außen schaffen.

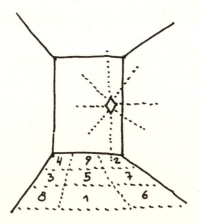

Fehlt beispielsweise im Gesamtgrundriss die Partnerecke, so kann diese in der Zone 2-Partnerschaft des Schlafzimmers aktiviert werden.

o Da sich das Große auch im Kleinen widerspiegelt, kann die fehlende Zone auch in jedem einzelnen Raum ersatzhalber reaktiviert werden. Auch hier steht die ganze Palette an Lösungen zur Verfügung, doch können auch ganz spezielle Symbole, wie beispielsweise für die Partnerschaft, gewählt werden.

Die Partnerecke aus psychologischer Sicht

In jedem Feng-Shui-Seminar taucht sehr bald die Frage nach der Partnerecke auf. Es ist die Ecke, die scheinbar am meisten Faszination ausübt. Dies ist nicht verwunderlich in Anbetracht der mannigfaltigen Beziehungsprobleme, die uns alle beschäftigen und angesichts von zahlreichen Singles, die immer wieder auf ihren Traumpartner warten.

Bei Wohnungsbegehungen stellt man häufig fest, dass gerade bei diesen Menschen die Partnerecke – wie soll es auch anders sein – als Stiefkind der ganzen Wohnung erscheint. Marianne T. hatte in diesem Bereich ihre Putzutensilien stehen, Jens N. bewahrte dort Arzneimittel auf (so dass es kein Zufall war, dass seine Freundinnen stets krank wurden und Arznei benötigten). Bei Vera S. stand dort eine Kiste mit altem Plunder, und bei Franz O. fehlte diese Ecke völlig.

Wie kann nun durch Feng Shui eine bestehende Partnerschaft gestärkt werden? Es geht hierbei darum, das Chi der Partnerschaftsecke mit förderlicher Energie anzureichern. Dies kann durch eine schöne Pflanze geschehen, durch zwei Delphine, durch einen Regenbogenkristall oder auch durch ein Yin- und Yang-Symbol, das unter anderem auch auf das Gleichgewicht zwischen Geben und Empfangen in der Partnerschaft hinweist. Auch lässt sich entsprechend dem, was in der bestehenden Partnerschaft fehlt, ein passendes Symbol anbringen. Besteht beispielsweise ein Mangel an seelischer Wärme oder an Romantik, so könnte dies durch ein Mondsymbol ausgeglichen werden. In ähnlicher Weise ließen sich individuelle Symbole für Humor, Gemütlichkeit, Zärtlichkeit und für andere ersehnte Qualitäten finden.

Etwas schwieriger gestaltet sich die Situation, wenn es gilt, einen neuen Partner anzuziehen. Hier ist es zunächst erforderlich, sich Gedanken zu machen, wie der Wunschpartner aussehen, welche Eigenschaften und Qualitäten er haben soll, kurzum, eine Vorstellung zu entwickeln, welchen Partner man braucht und welcher das eigene Leben bereichern könnte. Der nächste Schritt besteht darin, dass man all dies in der Partnerecke durch materialisierte Symbole zum Ausdruck bringt.

Betrachtet man die Partnerecke unvoreingenommen, so wird schnell klar, warum der Anziehungsmechanismus der Partner dadurch in Gang kommt. Er kommt deswegen in Bewegung, weil der Betreffende vielleicht erstmals eine genaue Vorstellung von seinem zukünftigen Partner entwickelt und – das ist der entscheidende Punkt – diese Vorstellung *materiell* in Form von Symbolen ausdrückt. Es wird das bisher im Unbewussten schwelende Partnerbild in die Materie transferiert, so dass die Realisation dieses Bildes der zwangsläufig nächste Schritt sein muss.

Es ist die Manifestation von Wünschen und Bildern, die in die Realität, in die materielle Welt gebracht werden, was die veränderte und verbesserte Partneranziehung bewirkt. Das Wunschbild wird sichtbar gemacht, so dass es sich in der Materie greifen und fassen lässt. Dieses Bewusstmachen kann dann wirkungsvoll diejenigen Mechanismen in Gang setzen, die zu einem neuen Partner führen.

Das Unbewusste, das mit dem Unbewussten anderer Menschen in Korrespondenz steht, »fahndet« aufgrund der Eingabe des Suchbildes nach dem ihm entsprechenden Partner und inszeniert scheinbar »zufällige« Begegnungen, um sein Ziel zu erreichen. Nicht immer jedoch funktioniert dieser Wirkmechanismus reibungslos. Wenn es nicht klappen will, ist meist noch die unbewusste Abwehr stärker als der neue Impuls. In solchen Fällen hat sich folgendes Vorgehen als erfolgreich erwiesen. Man baut symbolisch zusätzlich zu der bisherigen Formation in der Partnerecke, die die Anziehung bewirken sollte, einen »Gabentisch« für den zukünftigen Partner auf. Man überlegt, was man dem neuen Partner in spe anbieten, was man ihm an eigenen Anlagen und Fähigkeiten schenken möchte, und was man bereit ist, in die Partnerschaft einzubringen. Dabei ist es allerdings wichtig, nicht nur von sich selbst auszugehen, das zu geben, was der eigenen Vorstellung gemäß ist, sondern sich auch nach der Nachfrage zu richten, das heißt es gilt, sich unter anderem auf die geschlechtsspezifischen Unterschiede einzustellen. Die Wünsche der Männer unterscheiden sich gewöhnlich von denen der Frauen. (Man schenkt ja auch einem lieben, nahe stehenden Menschen nicht das, was man selber gerne haben möchte, sondern das, was ihn besonders erfreut.)

Dadurch, dass Geben und Nehmen sich in der Partnerecke nunmehr im Gleichgewicht befinden, wird das Unbewusste besänftigt und die Abwehr lässt nach. Für Menschen, die mehr geben als nehmen (so genannte »Geber«), ist die erste Gestaltungsvariante der Partnerecke ausreichend. Für sie ist ohnehin selbstverständlich, dass sie in die Partnerschaft auch etwas einbringen müssen, damit sich Liebe und Glück einstellen können. Sie müssen eher lernen, auch zu empfangen, etwas annehmen zu können.

Für Menschen hingegen, die mehr Nehmerqualitäten (so genannte »Nehmer«) aufweisen, ist die zweite Variante angezeigt, die bewusst macht, dass man etwas anbieten und tun muss, um einen Partner anzuziehen und ihn halten zu können. Wenn das Angebot ebenso wie das Wunschbild in die Materie gebracht wird, besteht eher die Bereitschaft, den Vorsatz auch in die Realität umzusetzen, als wenn der Vorsatz nur in Form von Gedanken bestünde.

Es ist zu beachten: Ist der neue Partner auf der Bildfläche des eigenen Lebens aufgetaucht, muss die Partnerecke umgestaltet werden. Es heißt, sich auf die neue veränderte Situation einzustellen, denn ab jetzt stehen die Dinge mehr im Vordergrund, die Harmonie in die Partnerschaft bringen und die Beziehung stabilisieren.

Die Reichtumsecke aus psychologischer Sicht

Am interessantesten ist für viele Menschen nach der Partnerschaftsecke die Reichtumsecke. Gar wundersame Geschichten oder zumindest Wunschvorstellungen ranken sich um diese Ecke – vom eingetretenen Lottoglück nach Umgestaltung dieses Bereichs bis zum reichen Erbonkel aus Amerika, der einen zu guter Letzt doch noch im Testament bedachte. Auch hier kommt derselbe Wirkmechanismus zum Tragen, den wir schon bei der Partnerschaftsecke kennen gelernt haben. Der Wunsch muss in die Materie, in den sichtbaren Bereich gebracht werden!

Die Reichtumsecke ist zu stärken durch einen Springbrunnen, durch ein Aquarium, durch Geldmünzen und durch Geldscheine, durch eine besondere Beleuchtung, durch Symbole, die Erfolg und Fülle ausstrahlen, aber auch durch einen Regenbogenkristall oder einen Geldbaum (= Pflanze). Solche Lösungen tragen hier zu einer allgemeinen Erhöhung des Chi bei und können sicher auch einiges bewirken.

Der ganz große Durchbruch bleibt aber dennoch meistens aus, weil sich der Einzelne Gedanken darüber machen muss, womit er Fülle anziehen möchte. Es geht darum, dies auch symbolisch in der Reichtumsecke zum Ausdruck zu bringen. Wer etwa durch Vermietung von Tennisplätzen Erfolg haben möchte, legt einen Tennisball in die Ecke, durch Verkauf von

Autos ein Miniaturauto, durch eine Erfindung ein Patentanmeldeformular...

Um Bewegung in die Reichtumsecke zu bringen, ist es sehr oft notwendig, Möbel und Gegenstände zu verrücken. Stand in diesem Bereich vielleicht bisher ein Geschirrschrank oder ein alter Lehnstuhl, so blockierten sie das Chi eher. Durch eine Neugestaltung des Raumes lässt sich hier einiges bewirken. Tauscht man beispielsweise ein abstraktes Gemälde gegen das Bild mit einem Wasserfall (zur Erinnerung: Wasser = Geld) aus, kommt bereits einiges »in Fluss«.

Beim Rücken von Möbeln gilt stets der Grundsatz: So lange verändern, bis die neue Anordnung für einen selbst stimmig ist, bis man das Gefühl hat, jetzt passt es, jetzt erzeugt die Formation im Raum bei mir eine bessere Stimmungslage. Und speziell für die Reichtumsecke gilt: Der Bereich muss Reichtum, Fülle und auch Freude ausstrahlen. Allein bei der Betrachtung dieser Ecke sollte das Herz schon höher schlagen.

Eine Neugestaltung der Reichtumsecke nach Feng-Shui-Gesichtspunkten wirkt,

o weil die Aufmerksamkeit für diesen Lebensbereich erhöht wird,
o weil durch Materialisation der inneren Wünsche und Bilder einer Realisation Vorschub geleistet wird,
o weil damit ein Konzept entsteht, womit man Fülle in sein Leben bringen kann, und dadurch wieder neue Gedanken und Ideen aufkeimen, die das Vorstellungsbild zu komplettieren vermögen,
o weil eine größere Bereitschaft besteht, Chancen zur Erschließung von neuen Geldquellen wahrzunehmen,
o weil das Über-Ich, das uns stets einflüsterte, Geld sei etwas Schlechtes und Wohlstand nur etwas für egoistische Ellenbogenmenschen, durch die Tatsache, dass es bei einer jahrtausendealten Designlehre eine Reichtumsecke gibt, zu verstum-

men beginnt. Als Folge davon lässt die unbewusste Abwehr von Reichtum und finanziellem Glück nach,
- weil die positive Einstellung und Erwartungshaltung nach außen strahlt und unter anderem auch den Mechanismus der Self-fullfilling-prophecy, der sich selbst erfüllenden Prophezeiung, in Gang setzt,
- weil die »Magie« der Reichtumsecke auf verschlungenen Wegen nach Verwirklichung strebt.

b) Wie findet man den persönlichen Kraftplatz?

Unsere Ahnen in grauer Vorzeit hatten ein recht hartes Leben inmitten der freien Natur; der Alltag war vom permanenten Überlebenskampf geprägt. Jede Unachtsamkeit konnte die letzte sein, weshalb vor allem die Zeit der Erholung und des Schlafs eine große Gefahr barg.

Die Höhle als Zufluchtsort

Auf der Suche nach Schutz und Geborgenheit hatten sich Nischen und Höhlen sehr bewährt. Hier war man sicher vor Sturm, Regen oder Schnee, und gewissermaßen begann damals die Geschichte der Architektur. Einem inneren Instinkt folgend, suchten unsere Vorfahren nach einem umhüllenden, schützenden Raum. Von diesem wusste man auch, dass er eine »gefährliche Seite« hatte, nämlich dort, wo der Eingang war. Niemand legte sich zum Schlafen in die Nähe des Einganges, sondern bevorzugt in den hinteren Teil der Höhle, am besten ganz nahe an der Felswand. Dort, wo der Höhleneingang war, postierte man zur Sicherheit vor wilden Tieren oder anderen Feinden einen Wächter, entzündete ein Feuer, oder man verbarrikadierte sich mit Steinen oder Baumstämmen.

Die beliebtesten Plätze in einem Restaurant

Selbst wenn es uns nicht immer recht ist, tragen wir auch heute noch das Erbe unserer wilden Vorfahren als Information in unseren Gehirnen. Wir reagieren deshalb auf viele Situationen »instinktiv«.

Eine Beobachtung, die wir alle jederzeit machen können:

Sie besuchen ein Restaurant. Ein relativ großer, freundlich eingerichteter Raum empfängt Sie. An den Wänden stehen Tische, jedoch auch mitten im Raum gäbe es genügend Platz, sich niederzulassen. Wo werden Sie Platz nehmen?

Mit großer Wahrscheinlichkeit werden Sie sich lieber an die Wand setzen, vielleicht sogar relativ weit entfernt vom Eingang und idealerweise so, dass Sie das Geschehen im Raum überblicken können. Damit haben Sie intuitives Feng Shui praktiziert, wenngleich unfreiwillig, weil »steinzeitgeprägt«.

- Dem »Höhleneingang« entspricht in unserer modernen Welt die Tür, aber auch Fenster sind Öffnungen und somit zusätzliche »Unsicherheitszonen«.
- Wer sich mit dem Rücken zur Tür setzt, begibt sich in die Position der Schwächung. Versuchen Sie daher immer, den Rücken zu schützen (geschlossene Wand = Schildkröte) und den Raum zu überblicken. Dies gibt Ihnen Kontrolle über das Geschehen.
- Sitzen Kinder bei der Hausaufgabe mit dem Rücken zur Tür, müssen sie sich mehr anstrengen, sind unmotivierter und benötigen mehr Zeit. Sehr oft werden sie den Schreibtisch überhaupt meiden und viel lieber im Bett oder beispielsweise am Küchentisch arbeiten.
- Ebenso werden Büroangestellte, welche den »Bären im Rücken« (und sei es der Chef) haben, niemals ihr volles Leis-

Ein schwacher Arbeitsplatz mit dem Rücken zur Tür.

tungspotential erreichen. Vielmehr wird der durch die falsche Positionierung zusätzlich hervorgerufene Stress eher zu Unkonzentriertheit, Mutlosigkeit oder im Laufe der Zeit gar zu Krankheitsanfälligkeit führen.
o Schwache Arbeitsplätze ziehen nach dem Resonanzgesetz auch eher Mitarbeiter an, welche kündigungsgefährdet sind.
o Wenn Sie die Situation nicht durch Umstellen des Arbeitsplatzes lösen können, sollten Sie durch einen Spiegel gegenüber dem Schreibtisch oder ein Klangspiel an der Tür Abhilfe schaffen.

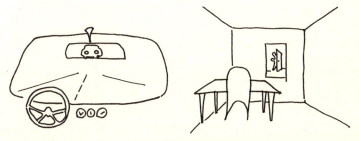

Ein Spiegel kann – wie im Auto – für Übersicht sorgen.

o Jeder Raum hat somit »Powerspots«. Diese befinden sich in der von der Tür am weitesten entfernten Ecke, wo man mit geschütztem Rücken, das heißt, auch kein Fenster im Rücken, den Raum überblickt. Mit Hilfe dieser Regel können sämtliche Räume Ihrer Wohnung auf gute Nutzung analysiert werden.

c) Die ideale Gestaltung der einzelnen Wohnräume

Das Schlafzimmer

Das Schlafzimmer ist der wichtigste Raum unserer Wohnung, da wir ein Drittel unseres Lebens darin verbringen. Unsere »Batterie« soll täglich aufs Neue hier aufgeladen werden.

o Daher sollte das Schlafzimmer so ruhig wie möglich, also weit genug entfernt von der Eingangstüre liegen, idealerweise im Obergeschoß.

Das Schlafzimmer sollte genügend weit vom Eingang entfernt liegen.

- Die Einrichtung soll in Farbe und Form ein sanftes und behagliches Gefühl vermitteln.
- Vermeiden Sie daher scharfe Kanten von Schränken oder Nachtkästchen, welche in Richtung Bett zeigen.
- Spiegel im Schlafzimmer können Ursache von Schlafstörungen sein. Wenn Sie unsicher sind, hängen Sie einfach für einige Wochen ein Tuch oder eine Decke darüber. Idealerweise bringt man Ankleidespiegel innen an einer Schranktüre an.
- Steht das Bett zwischen Tür und Fenster, so werden Sie de facto im Schlaf vom durchziehenden Chi »überrollt«. Abhilfe schafft ein Paravent, ein Raumteiler oder jeder andere Gegenstand, der den direkten Fluss zwischen Tür und Bett stoppt. Wenn zu wenig Platz ist, unterbricht ein Kristall, der zwischen Tür und Bett von der Decke hängt, das Chi und ermöglicht somit einen ruhigeren Schlaf.
- Der Kopf sollte nicht unter einem Fenster liegen, weil dies ebenfalls zu Unruhe führen kann. Einigermaßen verbessern

Das Bett steht im Durchzug zwischen Tür und Fenster, das Bücherregal drückt, der Schrank beengt und der Spiegel kann die Nachtruhe stören.

Ein guter Schlafplatz ist frei von Belastungen oder Störeinflüssen und liegt im ruhigsten Bereich des Raumes.

lässt sich die Situation durch dicht schließende Vorhänge oder Rolläden. Am besten ist immer eine stabile Wand hinter dem Kopf.
- Der Fußteil des Bettes sollte aber frei und mit genügend Raum sein.
- Entfernen Sie alle schweren Objekte oberhalb des Bettes. Dies gilt für Lampen ebenso, wie für Bücherregale oder Bilder mit massiven Rahmen. Jeder dieser Gegenstände könnte herunterfallen und beeinflusst Sie daher beim Entspannen.
- Bei einem Doppelbett sollte der Spalt zwischen den Matratzen abgedeckt werden, weil dieser sonst wie eine trennende Bruchlinie in der Partnerschaft wirkt.
- Betten auf Rädern sind ebenfalls destabilisierend. Stellen Sie die Räder in runde oder eckige Untersetzer.
- Ein Netzfreischalter, welcher den Stromkreis des Schlafzimmers am Abend freischaltet, hilft, den Raum strahlungsärmer und damit harmonischer zu machen.
- Fernseher, Wecker mit LCD-Leuchtanzeigen, Dimmer, Com-

puter u.a.m. sollten in Schlafzimmern mit Vorsicht genossen werden.
o Im Gegensatz zum Wohnzimmer (Yang/Aktiv) darf das Schlafzimmer (Yin/Passiv) eher ein wenig kleiner als dieses sein.

Die Küche

»Je harmonischer das Umfeld, umso besser die Nahrung, die dort produziert wird« – aus diesem Zitat lässt sich die Bedeutung der Küche bereits erahnen.

Zwei Hauptkomponenten prägen das Feng Shui der Küche: Zunächst sollte man sich so frei wie möglich von Chemie und anderen Belastungen machen, um dem Körper zu helfen, Energie zu sparen.

Die zweite Komponente besteht aus einer Reihe energetischer Maßnahmen, welche uns helfen, das Chi der Nahrung besser aufzunehmen.

Am wichtigsten sind bei der Nahrung natürlich Wind (Feng) und Wasser (Shui). Diese zwei Elemente sind elementar notwendig für das Leben auf der Erde. Die Luft, die wir atmen, ist verantwortlich für 90 Prozent unseres Stoffwechsels. Frische Luft hat starkes Chi, während verbrauchte oder abgestandene Luft den Körper schwächt oder gar krank macht. Um sich gut zu regenerieren, sollte man regelmäßig tief bei frischer Luft durchatmen. In Japan gibt es zu diesem Zweck bereits »Sauerstoff-Bars«. Ist Ihre Küche ein Hort des guten Chi?

o Sorgen Sie für gute Be- und Entlüftung. Eine Küche braucht daher Fenster! Sowohl Gas- als auch Elektroherde erzeugen nämlich Luftverschmutzung durch das Verbrennen von Staub und anderen Teilchen.
o Gasflammen sollten blau brennen.

o Pflanzen wie Grünlilie, Bogenhanf oder Gerbera können als Luftreiniger sehr gute Dienste leisten.

Über die Wichtigkeit des Trinkwassers

Das andere essentielle Element unseres Lebens ist das Trinkwasser. Es sollte gut belebt sein (dafür gibt es mittlerweile alle möglichen Hilfsmittel), und vor allem nicht in Plastikflaschen gelagert werden. Stellen Sie Wasser in einer Plastikflasche für ein paar Stunden in die Sonne und Sie werden merken, wie der Geschmack sich verändert. Kunststoff scheidet nämlich Teilchen ins Wasser aus.

Gechlortes Wasser greift Vitamin E an, und obwohl es verdunstet, erzeugt es toxische organische Substanzen, welche nicht verdunsten.

Vermeiden Sie auch eine Akkumulierung von Aluminium im Körper (wird mit Alzheimer und anderen Nervenkrankheiten in Verbindung gebracht), indem Sie kein Aluminiumgeschirr oder -folien verwenden. Auch Teflon und andere Antihaftbeschichtungen sind giftig. Wenn sie überhitzt werden, erzeugen sie Dämpfe, welche sogar Vögel töten können. Verwenden Sie daher Glas oder gutes Keramikgeschirr, um Essensreste aufzubewahren.

Das Chi der Nahrung

Die andere Komponente des Feng Shui betrifft die Energie oder das Chi des Kochens und Essens. Selbst die Art und Weise, wie wir etwas schneiden, beeinflusst die Qualität der Nahrung. Vielleicht ist es Ihnen schon einmal aufgefallen: Ein Biss von einem Apfel schmeckt anders als eine abgeschnittene Scheibe.

Manchmal bestehen Kinder darauf, ihr Pausenbrot auf eine

ganz bestimmte Weise geteilt zu bekommen. Und nicht selten wählt ein Koch eine ganz spezifische Form seiner Nudeln aus, obwohl alle aus demselben Teig gemacht sind.

- Ein glatter, sauberer Schnitt mit einem scharfen Messer lädt das Essen mit Klarheit und Präzision, während eine stumpfe Schneide eine harte und raue Energie ins Essen bringt.
- Auch das Bewusstsein und die Einstellung des Koches beeinflussen – wie wir alle schon erlebt haben – die Qualität des Mahls.

Selbst gebackenes Brot oder Großmutters Kuchen schmecken einfach deswegen so gut, weil sie mit Liebe gemacht wurden.

G.S.: Das für mich wunderbarste Mahl meines bisherigen Lebens wurde mir nicht in einem teuren Gourmetlokal kredenzt, sondern ich nahm es am Boden sitzend und mit den Fingern von einem Palmblatt essend in einem indischen Tempel ein. Später erst stellte sich heraus, warum diese Mahlzeit so himmlisch schmeckte: Die Köche waren Mönche, die im Zubereiten von Nahrung ihre Lebensaufgabe sahen und die Speisen durch Beten und Singen heiliger Lieder »aufluden«.

»Liebe geht durch den Magen« besagt schon ein altes Sprichwort. Bin ich gut gelaunt, verliebt oder einfach glücklich, so wird das von mir zubereitete Essen eine bessere Qualität annehmen und auch ausgezeichnet ankommen.

Kochen mit Kopfschmerzen?

Welche Auswirkungen auf eine Mahlzeit gibt es aber, wenn jemand kochen muss, obwohl es ihm nicht gut geht?

Dann gelangt – je nach Gemütszustand – die Energie von Frustration, Ärger oder Stress ins Essen. Dies ist durchaus vernachlässigbar in seiner Auswirkung, wenn es nur selten vorkommt, was aber sind die Folgen, wenn ich immer wieder und regelmäßig solche Nahrung konsumiere? Viele Restaurants produzieren auf diese Weise bestenfalls »Füllstoffe« anstelle von aufbauender oder gar heilender Nahrung. Wann haben Sie sich das letzte Mal nach einem Restaurantbesuch so richtig energetisiert und beschwingt gefühlt?

Gibt es den idealen Herd?

Ähnlich problematisch ist daher auch der Mikrowellenherd zu bewerten, welcher zwar vielleicht vitamin- und nährstoffschonender kocht, aber gleichzeitig durch die Erhitzung von innen heraus die Zellstruktur des Essens zerstört. Was wir somit essen, mag zwar gut gewärmt sein und möglicherweise auch delikat aussehen, stellt aber energetischen Sondermüll dar. Chaos im Essen bewirkt auf Dauer auch Chaos im Menschen.

Ein Makrobiotik-Kochlehrer erzählte einmal folgende Geschichte über ein Experiment, welches die Qualitäten verschiedener Energiequellen zeigt: Vier Töpfe mit Wasser wurden auf vier verschiedenen Wärmequellen zum Sieden gebracht: Holz, Gas, Strom, Mikrowelle. Nach dem Abkühlen wurden damit Pflanzen gegossen. Die stärkste Pflanze entwickelte sich aus dem Holzfeuer. Das Wasser des Gasofens erzeugte eine Pflanze, welche annähernd gleich gesund war. Der Elektroherd erzeugte eine verbogene und gekrümmte Pflanze, die Mikrowellenherd-Pflanze konnte jedoch nur als »Mutant« bezeichnet werden.

Für optimale Vitalität sorgt also Holzfeuer. Wenn Sie unbedingt eine Mikrowelle benötigen, so sollte sie nicht über dem Herd eingebaut sein, weil dies sonst das aufsteigende Chi des Herdes blockiert und auch zu nahe im Gehirnbereich strahlt.

Das Innere der Küche

- Eine Küche sollte genügend Licht, Luftzirkulation und auch Platz zum Arbeiten bieten.
- Der Raum muss immer gut gesäubert sein, und das Geschirr sollte in den Schränken verstaut werden. Ein ordentlicher Arbeitsplatz fördert die Kreativität und erleichtert einen effizienten Chi-Fluss.
- Der Herd sollte sich nicht zu nahe an der Tür befinden, denn sonst kann das hereinfließende Chi eventuell zu stark werden.
- Eine Kristallkugel zwischen Eingang und Herd hilft, die Energie zu bremsen.
- Zeigt der Herd von der Tür aus gesehen weg, das heißt, Sie stehen beim Kochen verkehrt oder auch seitlich zur Tür, hilft ein Spiegel über dem Herd, welcher den Eingang »kontrolliert«. Auch ein Klangspiel an der Tür kann für Sicherheit sorgen.

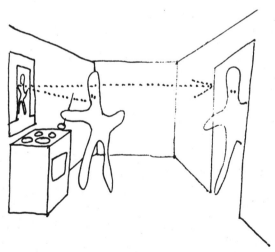

Der Spiegel hinter dem Herd gibt Sicherheit, was die Qualität der Nahrung positiv beeinflusst.

- Ein Spiegel verdoppelt die Anzahl der Kochplatten, was symbolisch eine Vermehrung des Wohlstands bedeutet.
- Benutzen Sie daher grundsätzlich alle vorhandenen Kochplatten regelmäßig, weil Sie sonst immer nur einen Teil Ihres Lebenspotentials aktivieren.

Wenn Ihr Blick beim Nachhausekommen direkt von der Wohnungstüre in Richtung zur Küche fällt, könnte dies eine gewisse Essensfixierung andeuten. Hier wohnen oftmals Menschen mit großem Hang zum Essen oder mit einem ausgepägten Ernährungsbewusstsein. Die Bedeutung der Nahrung steht stark im Vordergrund, weshalb sowohl bei Erwachsenen als auch bei Kindern Gewichtsprobleme entstehen könnten. Unterbrechen Sie daher den direkten Energiefluss von der Eingangstüre zur Küche, indem Sie ein Windspiel, ein Mobile oder einen Kristall an der Decke befestigen.

Küchenmaschinen

Moderne Küchen enthalten immer mehr technische Geräte, was auch zu einer Vermehrung der Belastung durch elektromagnetische Felder, Elektrostress, führt. Dies kann energetisch auslaugen, müde und auch krankheitsanfällig machen. Tageslichtbirnen anstatt Neonröhren, Zimmerpflanzen und gute Lüftung sollten daher Mindestmaßnahmen sein. Halten Sie die Farbe der Küche eher hell und freundlich, denn schließlich soll dort leichtes und aufsteigendes Chi produziert werden.

Geräte, welche in direkten Kontakt mit der Nahrung kommen, wie Mixer oder Küchenmaschinen, fügen der Nahrung eine zerhackende Qualität zu. Daher sollten diese nur selten verwendet werden, denn wer zu viel Essen aus diesen schnell laufenden Geräten zu sich nimmt, wird ruhelos und unausgeglichen. Der Effekt wird gemindert, wenn man solche Nahrung einige Minuten vor dem Servieren »beruhigen« lässt.

Kochen Sie langsam und schonend, denn dies schafft beruhigende und ausgleichende Qualitäten im Essen. Kochen im Druckkochtopf sorgt für mehr Fokus und Konzentration. Das Braten in der Pfanne stimuliert aktive Energie, und leichte Nahrung verhilft zu einem leichten Gemüt. Daher sollten wir niemals unter Stress und Zeitdruck essen. Ein kurzes tiefes Durchatmen vor dem Essen und das dankbare Kontaktaufnehmen mit der Nahrung aktiviert die Verdauungstätigkeit und lässt uns die Lebensenergie des Essens leichter assimilieren. Durch gutes Kauen nehmen wir das Chi der Nahrung direkt auf. Dies erfolgt über Drüsen unterhalb der Zunge und ist auch der Grund, warum der erste Schluck heißer Suppe den ganzen Körper wärmen kann.

Jedes Nahrungsmittel hat sein eigenes Chi. Ideal ist es, so viel wie möglich aus der eigenen Region und biologisch produziert zu essen. Jedes Nahrungsmittel ist einem der fünf Elemente, die auch Grundlage des Feng Shui sind, zugeordnet. Hierzu gibt es mittlerweile eine Reihe guter Bücher (siehe Anhang).

Das Esszimmer

Sofern nicht ohnehin ein Essplatz in der Küche (»Wohnküche«) existiert, sollte der Esszimmertisch in einem hellen Raum gleich neben der Küche untergebracht werden.

o Achten Sie im Esszimmer besonders an der Wand auf die Bilder. Sie sollten idealerweise eine gewisse Freundlichkeit ausstrahlen, denn schwermütige oder düstere Motive trüben eher die Stimmung.
o Ebenso sollten die restlichen Möbel- und Einrichtungsgegenstände frei von emotionalen Belastungen sein.
o Dies kann auch Erbstücke aus dem Familienbesitz betreffen, vor allem wenn damit unerfreuliche Emotionen verbunden

sind. Ein solches Möbel – und sei es noch so wertvoll – kann unter Umständen eine kontinuierliche Belastung darstellen. Entweder Sie lösen den dahinterliegenden Konflikt, oder Sie trennen sich von diesem Gegenstand.

o Zu empfehlen sind Tische mit harmonischen Grundformen, also beispielsweise als Quadrat oder Rechteck. Gut geeignet sind auch runde oder ovale Tische oder gleichseitige Achtecktische.
o Dreieckige Tische, asymmetrische Tischflächen oder solche mit abgekappten Ecken können Streit bewirken.

Ein Manager aus Wien reagierte verärgert, als seine Partnerin über allen vier abgeschnittenen Ecken des Eßtisches je einen Regenbogenkristall zur Harmonisierung angebracht hatte. Wie er selber feststellte, »macht es nun überhaupt keinen Spaß mehr, an diesem Tisch zu streiten«.

Die abgekappten Ecken eines Esstisches können durch ein Tischtuch harmonisiert werden

- Hüten Sie sich vor Tischflächen aus Glas oder Plexiglas. Da diese durchsichtig sind, »schwebt« in gewissem Sinne das Essen in der Luft. Dies wird auf unbewusster Ebene als starke Verunsicherung registriert, was auf Dauer die Lebensfreude und auch die Gesundheit beeinflussen kann.
- Eine Tischdecke kann hier ebenso wie bei Tischen mit »abgekappten Ecken« Abhilfe schaffen.
- Sofern ausreichend Platz vorhanden ist, könnte ein runder Gegenstand im Zentrum des Tisches als Harmonieunterstützer dienen. Dazu eignen sich beispielsweise Blumenvasen, Glasobjekte oder ein Deckchen mit einem blühenden Blumenstock darauf.

Das Wohnzimmer

Hier trifft sich die Familie und hier empfängt man Gäste. Das Wohnzimmer hat somit quasi einen halböffentlichen Charakter und sollte dementsprechend einladend und gemütlich gestaltet sein. Besonderes Augenmerk ist auf die optimale Platzierung der Sitzmöbel zu legen. Wichtige Sitzbereiche sollten mit geschütztem Rücken aufgestellt werden, idealerweise mit Blick auf den schönen Garten, zumindest aber die Türen und Fenster kontrollierend. Wenn kein schöner Ausblick gegeben ist, kann durch ansprechende Fensterdekoration, beispielsweise mittels Vorhängen, Fensterbildern oder Blumen im Fenster, die Aufmerksamkeit auf erfreulichere Dinge gelenkt werden.

- Achten Sie auf die Symbolik der Wohnzimmereinrichtung. Die Botschaft dieses Raumes wird sowohl von der eigenen Familie als auch von den Gästen in die Welt hinausgetragen.
- Daher lohnt sich eine sehr bewusste Auswahl von Bildern und Dekorationsgegenständen. Ein einziger Kultgegenstand,

wie beispielsweise die vom letzten Afrikaurlaub mitgebrachte Medizinmann-Maske, kann im falschen Umfeld Schaden anrichten.
- Es kann daher nicht oft genug betont werden: Hören Sie auf Ihre innere Stimme und entfernen Sie konsequent diejenigen Gegenstände aus Ihrer Wohnung, mit denen Sie sich unwohl fühlen.
- Der Sitzbereich sollte auch nicht unmittelbar gegenüber der Tür liegen, da Sie sonst im direkten Energiefluss sitzen.
- Ein Sofa mitten im Raum wird niemals die absolute Geborgenheit vermitteln, selbst wenn es von der Raumästhetik gut passt. Bauen Sie sich im Rücken immer einen Schutz (Schildkröte), etwa mit Zimmerpflanzen, einer Stehlampe oder anderen Dekorgegenständen.

Das Kinderzimmer

Unsere Kinder sind die zerbrechlichsten und abhängigsten Mitglieder der Familie. Leider müssen Feng-Shui-Berater immer wieder beobachten, dass die Kinderzimmer in der Regel die Lebensentwicklung eher behindern als fördern. Auf dem Weg vom Kleinkind zum Teenager und Erwachsenen hat das heranwachsende Kind ohnehin genügend Herausforderungen zu überstehen. Daher sollte das Kinderzimmer zu einer Zone des Rückzugs mit einem Mindestmaß an unterstützender Energie werden.

- Wenn Sie die Wahl haben, so bieten Sie Ihren Kindern die größeren und helleren Räume der Wohnung an. Schließlich wird Ihr Nachwuchs in den kommenden Jahren sehr viel Zeit – auch tagsüber – dort verbringen. Das Kind braucht zum hoffnungsvollen Heranwachsen in die Welt der Erwachsenen ausreichend Platz und Entfaltungsraum. Dies wird heute

mehr denn je wichtig, da die Anforderungen an Kinder in Schule und Gesellschaft zunehmend größer werden.
o Das Bett sollte so weit wie möglich von der Türe entfernt und auch nicht unter dem Fenster stehen.
o Etagenbetten sind in den ersten Lebensjahren durchaus geeignet, um Platzprobleme auszugleichen, zumal diese ein Gefühl der Geborgenheit fördern können. Heranwachsende Jugendliche sollten jedoch eher früher als später ein eigenes Bett erhalten, wo eine Entwicklung ohne Druck von oben möglich wird.
o Die Möbel in Kinderzimmern sollen hell sein und weiche, abgerundete Formen aufweisen.
o Schwere alte Schränke aus dem Familienbesitz, welche sonst keiner mehr will, haben im Kinderzimmer nichts verloren.

Achten Sie im Kinderzimmer auf eine helle, freundliche und offene Gestaltung.

215

Alles Schwere bedrückt die Energie des heranwachsenden Kindes.

o Ein Kind braucht Seelennahrung. Wählen Sie daher Farben, Muster und Bilder, beispielsweise von Tieren, aus, welche dem Kind Entspannung und Freude vermitteln. Mit zunehmendem Alter wird es sich sein Umfeld ohnehin selbst gestalten wollen, doch sind die frühen Kindheitsjahre das Fundament für den Rest des Lebens.

o Mobiles eignen sich gut für Kinderzimmer, weil diese das leichte, luftige Element fördern.

Ein überladenes Kinderzimmer wirkt entwicklungshemmend.

o Achten Sie auf die Zone Kinder (rechts Mitte) im Kinderzimmer. Dieser Bereich sollte eher frei gelassen werden (keine Schränke), stattdessen können Sie die Wände mit Bildern verschönern. Gegebenenfalls lassen sich auch an die Schranktüren Bilder kleben.

o Bilder von verstorbenen Ahnen haben im Kinderzimmer nur in Ausnahmefällen Bedeutung. Diese stellen die Vergangenheit dar – Kinder leben jedoch in Richtung Zukunft.
o Wenn Ihre Kinder sehr aggressiv sind, sollten Sie sich in diesem Zusammenhang auch die Einrichtung des Kinderzimmers ansehen. Grell gestrichene Wände sollten durch ruhigere Farbtöne ersetzt, aggressive Symbole entfernt werden. Zusätzlich sollten Sie in derartigen Situationen immer wieder die Frage stellen: Was hat das Ganze mit mir/uns zu tun?

Der ideale Lernplatz

o Schreibtische optimal zu platzieren ist manchmal durch das beschränkte Platzangebot eher schwierig. Dennoch sollte das Kind nicht mit dem Rücken zur Türe sitzen, aber auch nicht direkt vor einem Fenster mit Blick nach draußen. Die geschützte Wand im Rücken zu haben ist günstiger und ermöglicht eine Kontrolle des gesamten Zimmers.
o Kinder, deren Blick beim Lernen unmittelbar nach draußen

Die ideale Schreibtischposition mit geschütztem Rücken und Übersicht über den Raum.

gleitet, neigen zu Unkonzentriertheit und Tagträumerei. Der Lernerfolg wird dadurch erschwert.
- Die ideale Schreibtischposition ist meist seitlich zum Fenster mit dem Rücken zur Wand und dem Blick in Richtung zur Türe.
- Bei schlechter Positionierung mit der Türe im Rücken oder an der Seite, kann ein Spiegel helfen, der wie der Rückspiegel im Auto die Kontrolle nach hinten ermöglicht. Hierfür ebenfalls gut geeignet sind kleine verspiegelte Glas-Briefbeschwerer, welche mit ihrer runden Form fast den ganzen Raum abbilden.
- Abhilfe kann in diesem Fall auch ein freundlich klingendes Klangspiel an der Türe schaffen, das beim Betreten des Zimmers ein hilfreiches Warnsignal verursacht.

Das Gästezimmer

Ein seltsames Phänomen sucht seit einigen Jahren die westliche Welt heim: die »Gästezimmeritis«. Immer wieder verfallen nichts ahnende Bürger dieser schleichenden Epidemie. Achten Sie daher frühzeitig auf die ersten Symptome!

So erkennen Sie die »Gästezimmeritis«:

- Sie haben einen Raum Ihrer Kleinwohnung nur für Gäste reserviert, obwohl sich bestenfalls dreimal im Jahr Besuch ansagt.
- Ihre Tochter ist zwar schon längst volljährig und seit fünf Jahren außer Haus, aber »wenn sie mal zu Besuch kommt, muss doch ein Raum für sie bereitstehen«. Lieber verzichten Sie selbst auf einen eigenen Raum und auf Komfort, als die Tochter aus dem ehemaligen Kinderzimmer zu werfen.

o Sie können zwar keinen eigenen Gästeraum vorweisen, haben aber ein Reservebett in Ihrem Wohnzimmer stehen, das ebenfalls äußerst selten genutzt wird.
o Sie leiden manchmal unter Platzmangel und haben das Gefühl, im Leben am falschen Platz zu sein.
o Da das Gästezimmer ohnehin so selten genutzt wird, lagern Sie dort die Bügelwäsche oder verstauen die Winterkleidung, machen also einen perfekten Lagerraum daraus.
o Bilder, die Ihnen nicht mehr gefallen, oder alte Bücher, die Sie wohl nie mehr lesen werden, wandern ohne Zögern in das Gästezimmer. Da müssen Sie sich wenigstens nicht davon trennen....

Ist Ihnen dieses Szenario irgendwie bekannt?
Dann seien Sie auf der Hut, denn auch Sie sind gefährdet!

Was symbolisiert das Gästezimmer?

Gäste sind Personen, welche von außen in unser Leben treten, um uns nach einer Weile wieder zu verlassen. Wir haben es also hier mit dem Aspekt »Außenwelt« zu tun. Viele Wohnungsbesitzer, die (in Form eines selten genutzten Gästezimmers) permanent Platz für die Außenwelt reservieren, räumen der Umwelt, das heißt auch der Meinung anderer, einen zu großen Stellenwert ein. Bereits Tage, bevor die Gäste kommen, wird geputzt, gebohnert und poliert und alles auf »heile Welt« getrimmt. Meist leiden diese Menschen sehr unter ihrem Verhalten, denn sie spüren ganz tief im Innern, dass das Leben an ihnen vorbeiläuft. Aus Feng-Shui-Sicht befinden sich die Gästezimmer übrigens sehr oft in den besten Zonen des Hauses.

Die große Lebenschance besteht darin, selbst Kontrolle über das eigene Leben zu übernehmen. Gönnen Sie sich den Platz, den Sie benötigen, und sei es auf Kosten eines separaten Gästezimmers. Für gelegentliche Gäste kann man relativ leicht eine

Bettstatt improvisieren. Dies kann vorübergehend sogar sehr gemütlich sein und ist mit Sicherheit sinnvoller als sich räumlich einzuschränken.

Badezimmer und WC

Auch heute noch reagieren viele Menschen erschreckend emotional bei diesem Thema. Ein kurzer Rückblick genügt, um die grundlegende Problematik der Sanitärräume ins Bewusstsein zu holen. Tatsache ist, dass Bad und WC als Orte der Säuberung beziehungsweise der Ausscheidung gelten. Diese an sich wertneutrale Erkenntnis hat jedoch weit reichende Konsequenzen.

Wasser, jener Stoff, aus dem wir selber zu 70 Prozent bestehen, ist das prägende Hauptelement. Es betritt die Wohnung in sauberem Zustand, wird für Reinigungszwecke verwendet und dadurch verschmutzt. Aus dem Lebenselement ist ein belastetes, krankmachendes geworden.

Wenn wir uns in Erinnerung rufen, dass unser Haus wie ein lebendiger Körper funktioniert, wird verständlich, dass ein verschmutzter Teil innerhalb dieses Körpers (die Energie der Verschmutzung ist nachhaltig in Bad und WC gegeben) das ganze System beeinflussen muss.

Es gibt Häuser, die durch problematische Anordnungen der Nassräume zu »kranken Häusern« werden. Da Wasser ein perfekter Informationsspeicher ist, und wir Menschen uns als »Wasserwesen« betrachten können, stehen wir in permanenter Resonanz zu allem Wässrigen innerhalb des Hauses.

- Je mehr Nassräume es in Ihrem Haus gibt, desto stärker besteht Grund zur Vorsicht.
- Benutzen Sie möglichst Sanitärräume, die durch ein Fenster nach außen zu entlüften sind. Bei einem Neubau sollten Bad und WC immer an einer Außenwand liegen. Die meisten

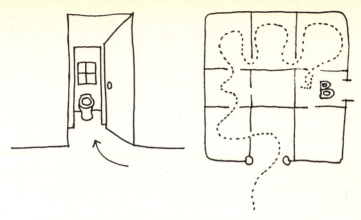

Liegen WC oder Bad unmittelbar neben der Eingangstüre, so kann dies zu Energieverlust führen. Die ideale Position ist weit vom Eingang entfernt.

künstlichen Entlüftungsanlagen sind nur ein unzulänglicher Ersatz und können Fenster – auch in Bezug auf die heilende Wirkung des Lichtes – nicht annähernd ersetzen. Zusätzlich erzeugen sie Lärm und tragen damit eher zur Verschlechterung des Raumklimas bei.

o Wasser ist auch Symbol für Wohlstand, daher kann ein WC in der Reichtumsecke (siehe Bagua) auch Geldverlust bedeuten. Kennen Sie das Gefühl, wenn Ihnen das Geld zwischen den Fingern davonrinnt?

o Da Bad und WC nicht im direkten Einzugsbereich der Wohnungstüre liegen sollten (weil sonst zu viel Energie durch den Kanal wieder verloren geht), kann das Verlegen der Tür auf eine abgewandte Seite ebenfalls zu einer Verbesserung bei den Finanzen oder bei der Gesundheit führen.

o Idealerweise liegen die Nassräume relativ weit vom Eingang entfernt am Ende des Energiestroms, so dass erst das verbrauchte Chi dort eintritt.

o Sollte in Ihrer Wohnung das Zentrum durch ein innenliegen-

des WC belegt sein, so kann dies bedeuten, dass Sie ein Leben voller Belastungen und Schwierigkeiten führen. Deswegen wäre es hilfreich, wenn Sie
- den Raum mit so hellem Licht wie möglich und angenehm beleuchten,
- im Raum entweder an drei Wänden Spiegel anbringen, um das Chi zu aktivieren,
- oder ein Mobile aufhängen,
- oder eine DNS-Spirale anbringen, um diesen schwächsten aller Räume von innen zu heilen.
- Gut eignen sich auch Naturmotive an den Wänden oder innen an der Tür, um ebenfalls Chi anzuheben. Auch mit Düften oder Blütenschalen lässt sich dies erreichen.

o All diese Abhilfen lassen sich für jeden innenliegenden Sanitärraum einsetzen.
o Es sollte zu einer guten Gewohnheit werden, stets den WC-Deckel zu schließen.
o Ebenso sollte die Tür zum Bad oder WC geschlossen bleiben. Bei einem Katzenkistchen im selben Raum lässt sich ein eigenes Einstiegstürchen für die Katze anbringen, so dass die Türe geschlossen bleiben kann.
o Ungünstig gelegene Sanitärräume können »energetisch versiegelt« werden. Dazu fixieren Sie in Kopfhöhe etwas Reflektierendes, das das Chi wieder in die Wohnung zurückwirft wie zum Beispiel einen Spiegel, ein Messingschild oder einen roten Klebepunkt (Rot bedeutet Stopp) oder ein persönliches Schutzsymbol, das die Tür »bewacht«. Diese Maßnahmen helfen jedoch nur bei geschlossener Türe.
o In WCs mit Fenstern können Pflanzen und ein Regenbogenkristall im Fenster eine zusätzliche Anhebung der Raumenergie bewirken.
o Verstopfte Abflüsse lassen auf Verdauungsbeschwerden schließen (»Verstopfung«) beziehungsweise auch darauf, dass Sie sich momentan mit vielen belastenden Dingen he-

rumschlagen, die Sie nicht loswerden. Wenn Sie auf dieses Zeichen achten und rechtzeitig für freien Abfluss sorgen, kann dadurch ein Übergehen in den chronischen Verstopfungszustand vermieden werden.

Vorraum und Flur

Das Betreten der Wohnung sollte mit einem warmen und einladenden Gefühl geschehen. Daher sollte ein Vorraum weit, hell erleuchtet und auch frei von Hindernissen sein. Spiegel und Bilder können für Tiefe sorgen. Garderoben dürfen den Raum nicht überladen. Weiche, fließende Möbelformen sind zu bevorzugen. Für Schuhe und andere beschmutzte oder feuchte Gegenstände sollte ein eigener, abgetrennter Bereich geschaffen werden.

Da von hier die Energie weiterverteilt wird, sollte ein guter Fluss ermöglicht werden.

Abstellräume

Es scheint paradox zu sein, aber je mehr Abstellfläche zur Verfügung steht, umso mehr benötigt man in der Regel. Es gibt Häuser mit riesigen Stauräumen in Keller, Dachboden oder Schuppen, die vollgestopft sind, meist allerdings mit überflüssigem Gerümpel.

Ähnlich verhält es sich mit Abstellräumen innerhalb der Wohnung. Diese verkommen oft zu »Stauräumen« im wahrsten Sinne des Wortes, Stau im Sinne von Nicht-Fluss. Überall wo ein Stau eintritt, ist eine Schwächung die Folge.

Was symbolisiert der Abstellraum?

Ähnlich wie der Keller (Unterbewusstsein) und der Dachboden (vergangene Lasten) steht der Abstellraum innerhalb der Wohnung für unmittelbar aktive Altlasten, die am liebsten »abgestellt und weggeschlossen« werden möchten. Dennoch behaupten sich diese Teile in unserem Leben und holen sich ihren Platz. Egal, ob es im Abstellraum dunkel ist, oder ob Sie den Inhalt längst vergessen haben – alles bleibt fein säuberlich gespeichert und wartet auf seine Erlösung.

o Fragen Sie sich, in welchem Teil des Wohnungs-Baguas Sie die massivsten Stauzonen haben. Selbst Raumecken, in denen sich immer wieder Büchertürme, Kartons oder Tüten mit Altpapier ansammeln, sollen mitbetrachtet werden.
o Liegt der Schwerpunkt im Bereich Familie, so kann dies ungelöste Elternprobleme bedeuten, im Bereich Ehe sollten Sie sich hingegen Ihre Beziehung zum Partner oder zu Freunden genauer ansehen.
o Nach diesem System können Sie nun sehr effizient feststellen, wo es anzupackende Lebensbereiche gibt.
o Achten Sie auch auf die Lebensphasen, in denen einzelne Teile Ihrer Wohnung eine »starke Tendenz zur Unordnung entwickeln«. Bestimmt wird es Ihnen mit ein bisschen Übung gelingen, die eine oder andere Verbindung zu Alltagsereignissen herzustellen. Dies kann enorm spannend sein und sehr zur Klärung bestimmter Sachverhalte beitragen. Bitte übertreiben Sie dabei aber nicht.
o Selbst wenn andere Menschen zum Stau in Ihrer Wohnung beitragen, dürfen Sie ebenfalls Selbstreflexion betreiben. Stellen Sie sich vor den Spiegel, setzen Ihr freundlichstes Lächeln auf und fragen Sie sich: »Was will mir denn das schon wieder sagen?«

Treppen

Das Chi des Hauses wird über die Treppen in die einzelnen Geschossebenen verteilt. Daher sollten diese einladend, weit und hell gestaltet sein, anders als es heute aus Platzgründen im modernen Wohnbau praktiziert wird. Je enger und unfreundlicher diese, die Etagen verbindende »Nabelschnur« ist, um so schwerfälliger gestaltet sich die energetische Versorgung der oberen Geschosse.

o Treppen dürfen aus diesem Grunde nicht stiefmütterlich behandelt werden. Besonders wichtig ist deren Ausgestaltung; helle Farben, gute Beleuchtung und Pflanzen beziehungsweise auch Bilder sollten überall vorhanden sein.
o Treppen sollten nicht unmittelbar auf den Eingang zulaufen, da dies Energieverlust bedeutet. Stellen Sie sich vor, wie es auf Sie wirken würde, wenn sich direkt gegenüber dem Eingang die Kellertreppe befinden würde. Abgesehen davon, dass viel Energie direkt in den Keller entweicht, hätte Ihr Unterbewusstsein ständig das Bild von »Abstieg« gespeichert. Dies würde Ihren Optimismus und Ihre weitere Entwicklung bremsen.

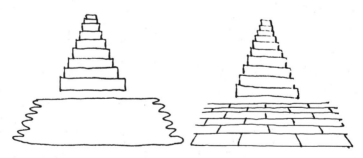

*Ein quer liegender Läufer kann das Chi ebenso bremsen,
wie die richtige Verlegerichtung der Bodenfliesen.*

- Wenn in Ihrem Haus oder Ihrer Firma eine Treppe direkt auf die Eingangstür zuläuft, dann sollten Sie den direkten Energiefluss unterbrechen. Ein Geschäft beispielsweise könnte Verkaufsregale dazwischenstellen, aber auch anderweitige Hilfsmittel wie Hinweisschilder an der Decke, Lampen, Mobiles oder Regenbogenkristalle unterbrechen und zerstreuen den Energiestrom.
- Durch die richtige Verlegungsrichtung des Fußbodens (quer oder schräg) beziehungsweise durch das Auflegen eines Läufers in Querrichtung kann ebenfalls ein Bremseffekt des Chi erzielt werden.
- Eine Treppe im Zentrum der Wohnung bedeutet Unruhe und ein ständiges »Auf und Ab«. Die Zone der inneren Ruhe und Stabilität sollte ja, wie bereits bekannt, so frei und ruhig wie möglich sein. In diesem Fall müsste für eine indirekte Stabilisierung in Form von so genannten »Ersatzzentren« gesorgt werden (siehe dazu Kapitel »Zentrum«).

Wendeltreppen

Da Wendeltreppen eine gute Lösung sind, um mit geringem Platzverbrauch eine Stockwerksverbindung zu schaffen, eignen sie sich gut für nachträgliche Einbauten. Andererseits kann das Chi durch die relativ enge Bauart nur erschwert fließen. Als Haupttreppe eignen sie sich deswegen nur bedingt. Um diese Schwäche zu kompensieren, müsste durch Pflanzen und Licht eine starke Energiesteigerung erfolgen. »Offene« Wendeltreppen können nachträglich verblendet werden, was ebenfalls zu einer Stabilisierung der Treppe beiträgt.

d) Ordnung und Co.

Ein Zen-Meister saß mit seinem Schüler beim Tee. Die beiden unterhielten sich über die Möglichkeiten des weiteren Schulungsweges des jungen Mannes. Dieser war sehr lernbegierig und stellte unentwegt Fragen. Der Meister lächelte und begann mit der Teezeremonie. Seine Augen freundlich auf den Schüler gerichtet, goss er Tee in dessen Tasse. Doch selbst als die Tasse bereits voll war, hörte der Meister nicht auf, sondern ließ den Tee munter weiter aus der Kanne laufen. Der entsetzte Schüler versuchte den Meister auf dessen Missgeschick aufmerksam zu machen, doch dieser goss unbeirrt weiter, so lange bis die Kanne fast leer war. »Was ist nur in meinen Meister gefahren, vielleicht ist er wirklich schon zu alt zum Unterrichten«, dachte sich der Schüler im Stillen.

Erst viel später dämmerte es ihm, dass vielleicht doch er selber ein wenig geistige Auffrischung bräuchte, denn nun begann er zu begreifen, was der Vorfall mit dem überlaufenden Teegefäß ihm symbolisieren sollte.

Was ist Ihre Meinung zu dieser Geschichte? Worin, glauben Sie, liegt die Botschaft des Meisters? Wir Menschen im Westen neigen gerne dazu, von allem was wir tun und erwerben, immer noch mehr haben zu wollen. Dieses »Mehr« führt uns aber in seltsame Situationen. Wir schaufeln uns damit mit immer neuen Gegenständen, Informationen oder kurzzeitigen emotionalen Kicks regelrecht zu. So kaufen wir beispielsweise neue Bücher, von denen wir bereits ahnen, dass wir sie niemals lesen werden, oder besuchen von neuem Seminare, obwohl wir die Informationen der letzten Wochenend-Workshops noch lange nicht verarbeitet haben.

Worauf uns also der Zen-Meister sehr deutlich hinweist, ist die Binsenweisheit, dass immer nur so viel »Neues« in ein Gefäß passt, wie dafür auch Platz vorhanden ist. Wer nämlich wiederholt versucht, mehr in sein Leben zu stopfen, als er aufnehmen kann, erzeugt zwangsläufig Stress und Unzufriedenheit.

Die Grundvoraussetzung

Daher hat Feng Shui an den Anfang seiner Arbeit die Kapitel Aufräumen, Entrümpeln und Weggeben gestellt. Machen Sie Ihre Wohnung zu einem Hort der wesentlichen Dinge. Umgeben Sie sich nur mit dem, was Ihnen wirklich Freude macht und trennen Sie sich von unnötigem Ballast.

Werfen Sie beispielsweise einmal einen kritischen Blick in Ihren Kleiderschrank. Mit Sicherheit finden Sie dort Kleidungsstücke, die Sie in den vergangenen zwölf Monaten nicht ein einziges Mal getragen haben. Wenn Sie es schaffen, sich davon zu trennen (egal wie teuer sie einmal waren), haben Sie Ihrem Leben wieder mehr Platz gegeben. Mit Sicherheit haben auch Sie Bücher, die seit Jahren ungelesen im Regal stehen. Viele dieser Bücher werden mit größter Wahrscheinlichkeit niemals mehr wichtig werden, denn schließlich entwickeln wir uns weiter,

Gutes Feng Shui beginnt mit Aufräumen und Entrümpeln.

und vielleicht haben sich auch Ihre Interessen mittlerweile verschoben. Anwärter für diese Kategorie sind beispielsweise Krimis, Bestseller, am Bahnhof als schnelle Reiselektüre erworbene Romane, oder die seit Jahren ungelesenen Fachzeitschriften.

Feng Shui bedeutet, das Richtige zum rechten Zeitpunkt zu machen. Erst wenn wir lernen, von den Dingen des Alltags loszulassen, können die Feng-Shui-Maßnahmen richtig greifen. Das Neue kann sich nur dort entfalten, wo entsprechend Raum vorhanden ist.

Praktische Anwendung

Ein Naturheilpraktiker wird vor einer größeren therapeutischen Maßnahme den Patienten zunächst von Giftstoffen, Schlacken und Ablagerungen befreien. Er weiß nur zu genau, dass erst durch diese Vorarbeit der Therapieerfolg möglich wird.

- Bevor Sie Feng-Shui-Lösungen angehen, sollten Sie sich von allem Alten und Unwichtigen trennen. Je konsequenter Sie dabei vorgehen, umso besser werden die Hilfsmittel wirken. Als erstes sollten all jene Gegenstände entfernt werden, die Ihnen ohnehin schon immer Unbehagen bereitet haben.
- Wiederverwendbare Artikel können verschenkt, verkauft oder für karitative Zwecke zur Verfügung gestellt werden.
- Gehen Sie Schritt für Schritt vor. Niemand kann den in Jahren angesammelten Ballast an einem Wochenende entfernen. Starten Sie beispielsweise mit einer Schreibtischschublade oder einem Teil des Kleiderschranks. Wichtig ist, dass Sie beständig dranbleiben und nicht gleich wieder aufgeben.
- Belohnen Sie sich selbst für die Trennung von Altem durch ein feines Abendessen, oder gönnen Sie sich einen ganz besonders edlen Gegenstand, auf den Sie sich schon lange freuen. Schließlich haben Sie ja nun dafür Platz geschaffen.

- Beobachten Sie Ihre Wohnung in Zukunft etwas aufmerksamer. Bevor Sie etwas weglegen, fragen Sie sich, ob es sich tatsächlich lohnt, diesen Gegenstand aufzubewahren. Ein kontinuierlicher Säuberungsprozess erspart Ihnen viel zukünftige Aufräummühen.
- Versuchen Sie in Bücherregalen immer ein wenig Platz frei zu lassen. Übervolle Bücherwände ersticken den Raum. Lockern Sie stattdessen die entstehenden Zwischenräume mit Blumen, Figuren, Steinen oder anderen für Sie bedeutungsvollen Gegenständen auf.

Sauberkeit ist eine Tugend

An dieser Stelle soll nicht auf übertriebene Reinigungs- und Hygienegewohnheiten eingegangen werden, welche sich mittlerweile sogar als Ursache für neue Krankheiten und andere Probleme herausgestellt haben. Vielmehr möchten wir darauf hinweisen, dass Menschen, die in einer sehr schmutzigen Wohnung leben, eher anfällig werden für »Unklarheiten und Unsauberkeiten« im täglichen Leben. Dies kommt daher, dass sich niedere astrale Energien vorwiegend im Schmutz aufhalten, genauso übrigens wie in finsteren Winkeln und Ecken. Daher lenkt Feng Shui seine Aufmerksamkeit auf eine helle, luftige und saubere Wohnung.

Sauberkeit fördert den Energiefluss.

- Das normale Reinigungverhalten reicht dafür in der Regel aus. Wichtig ist eine regelmäßige Reinigung, wobei vor allem auf die im Allgemeinen eher vernachlässigten Bereiche geachtet werden sollte. Gemeint sind damit die klassischen Staubfängerbereiche, wie beispielsweise unter den Betten, auf den Schränken, hinter dem Bücherregal und so weiter.
- Besonders wichtig sind die Betten, welche regelmäßig von der Wand weggerückt werden sollten, um dahinter zu reinigen. Auch die Matratzen sollten regelmäßig gut gelüftet werden.

Rosenwasser

- Für eine allgemeine Auffrischung des Chi in Ihrer Wohnung, eignet sich auch Rosenwasser sehr gut. Besorgen Sie sich einen Milliliter echten Rosenöls (Rosenessenz) und versetzen Sie es mit der zehnfachen Menge an reinem Alkohol. Bei gutem Rosenöl können sich hierbei kleine Klümpchen bilden; diese lösen sich aber durch die Handwärme wieder auf. Lagern Sie das Fläschen immer lichtgeschützt.
- Träufeln Sie ein bis drei Tropfen dieser Mischung in einen Eimer, gefüllt mit klarem Wasser und befeuchten Sie damit einen Reinigungslappen. Mit diesem können Sie praktisch die gesamte Wohnung »sauberwischen«. Durch die geringe Befeuchtung des Lappens können Sie bedenkenlos auch über Möbel oder andere empfindliche Gegenstände gehen. Bei wertvollen Bildern oder empfindlichen Wänden wischen Sie im Abstand von ein bis zwei Zentimetern vom Objekt entfernt. Verwenden Sie beim Reinigen mit Rosenwasser jeweils eigene Gefäße und Lappen für Möbel, Wände und Boden.
- Rosenwasser hat eine stark transformierende Kraft und kann regelmäßig eingesetzt werden. Es erhöht die Schwingung der Wohnung und verleiht ihr eine zarte und sehr feine Ausstrahlung.

Schuhe

Wer jemals einen Hindu-Tempel betreten hat, weiß, dass die Gläubigen ihre Schuhe vor dem Eingang ausziehen. In Bali konnten wir beobachten, dass vor dem Betreten besonders heiliger Tempelbezirke sogar die Füße gewaschen werden müssen.

Da Schuhe immer in Kontakt mit dem Staub der Straße sind, haften an ihnen auch die schmutzigsten Energien. Diese würden die Heiligkeit der Andachtsstätte stören.

Stellt jedoch nicht auch Ihre Wohnung einen »Tempel des Rückzuges, der Erholung und der Intimität« dar? Achten Sie also stets darauf, welche Qualität Sie in Ihre Wohnung hereinlassen.

Je mehr Ihre Wohnung von Menschen in Straßenschuhen betreten wird, desto öfter und intensiver sollten Sie für Sauberkeit sorgen.

Der an Schuhen haftende Schmutz sollte besser außerhalb der Wohnung bleiben.

Geistige Hygiene

Jeder von uns steht täglich im Austausch mit Menschen, Orten und Situationen. Bei all diesen Begegnungen läuft parallel immer auch eine »unsichtbare Begegnung« ab. Die Welt des Feinstofflichen umgibt und beeinflusst uns ständig, selbst wenn wir nichts davon ahnen.

Kennen auch Sie Menschen aus helfenden Berufen, die im Laufe der Zeit unter ihrem Beruf zu leiden beginnen? So manche Heiler, Sozialarbeiter, Therapeuten, Pfleger, kurz viele »Helfer«, haben leider in all ihren Ausbildungsjahren nie richtig gelernt, mit den Herausforderungen der geistigen Ebene umzugehen. Wer sich intensiv mit den Problemen anderer Menschen beschäftigt, sollte geeignete Schutz- und Reinigungsmethoden anwenden.

Gönnen Sie sich eine tägliche Zeit der Stille.

Bestimmt ist es auch Ihnen schon so ergangen, dass Sie sich nach dem Gespräch mit einer bestimmten Person, regelrecht erschöpft oder gar ausgelaugt fühlten. Wir alle, nicht nur Menschen aus helfenden Berufen, sollten daher sorgfältiger mit unserem eigenen Chi umgehen. Wenn sich andere Menschen von unserer Energie »ernähren« (meist unbewusst und nicht aus böser Absicht), hilft dies weder dem Betroffenen noch uns selbst.

- Erlernen Sie daher Methoden der geistigen Reinigung, des Schutzes und der Transformation von Energien. Sehr viele Techniken sind dafür geeignet; wichtig ist vor allem die konsequente und regelmäßige Durchführung. Beginnen Sie den Tag mit einer solchen Übung, und machen Sie es sich zu einer Gewohnheit, am Abend das Geschehene wieder loszulassen.
- Vernachlässigte geistige Hygiene ist in vielen Tausenden von Fällen die wahre Ursache bei Krankheiten oder Problemen. Sie kann übrigens auch der Grund sein, warum Medikamente nicht die erhoffte Wirkung erbringen oder Feng-Shui-Lösungen nicht greifen.

e) Der optimale Arbeitsplatz

Sollten auch Sie den Großteil Ihrer Arbeitszeit im Büro verbringen, werden die nun folgenden Feng-Shui-Erkenntnisse für Sie von großem Nutzen sein.

Schreibtisch-Feng-Shui

Die Beschaffenheit Ihres Schreibtisches kann Ihr berufliches Schicksal prägen. Viele verbringen an diesem wichtigen Büroutensil meist mehr Zeit als mit dem Partner. Kein Wunder also, dass das Auswirkungen auf Leben und Gesundheit hat.

- Wie bereits festgestellt wurde, sollte der Tisch an der stärksten Stelle des Raumes stehen, wobei der Rücken geschützt bleibt und Tür und Fenster stets kontrolliert werden können.
- Auch das Gegenüber Ihres Arbeitsplatzes ist enorm wichtig, denn es sollte das Chi heben und Sie inspirieren. Steht Ihr Schreibtisch unmittelbar an einer Wand, dürfen Sie sich nicht wundern, wenn im Laufe der Jahre Weitblick, Optimismus und Lebensfreude verschwinden.
- Lohnend kann das Aufhängen eines interessanten Bildes an der Wand sein, auf die Sie am Schreibtisch sitzend schauen. Bedenken Sie dabei immer die Symbolik, denn die subtile Schwingung dieses Motivs wird fortan in Ihr Unterbewusstsein dringen.
- Teilen Sie Ihren Arbeitsplatz in eine Aktiv- und eine Passivzone ein. Die unmittelbar vor Ihnen liegende Arbeitsfläche sollte dabei die Aktivzone sein und so frei wie möglich bleiben. Verwenden Sie Beistelltische oder andere Möbel als passive Ablageflächen.
- Konzentriertes Arbeiten ist nur dort möglich, wo Störungen weitestgehend fern gehalten werden. Jeder unerledigte Vorgang, jedes Blatt Papier ist Träger von Information und strahlt Schwingungen ab, die Sie wiederum von Ihrer konzentrierten Arbeit ablenken.
- Das Bagua Ihres Schreibtisches ermitteln Sie, indem Sie beim Sitzplatz den »Eingang« anlegen.

Je nachdem, was Sie erreichen wollen, können Sie nun den Schreibtisch gezielt gestalten.

- Sollte das Telefon einkommensbestimmender Faktor in Ihrem Beruf sein, so würde es gut in die Zone 4-Reichtum passen, aber auch 6-Hilfreiche Freunde bietet sich an, weil gute Kontakte zu anderen Menschen ebenfalls sehr wichtig sind.

Das Schreibtisch-Bagua.

○ Die Telefonschnur sollte den Platz, an dem Sie schreiben, nicht kreuzen. Ebenfalls sollte sie nicht über das Zentrum (5-Tai Chi) des Tisches laufen.
○ Der Computer blockiert aufgrund seiner Größe meist wesentliche Teile des Schreibtisches. Daher wäre es sinnvoll, ihn entweder auf einem Seitentisch beziehungsweise am Seitenteil eines L-Tisches unterzubringen. Wenn diese Variante nicht möglich ist, sollten zumindest der Rechner unter den Tisch verbannt und der Monitor auf einem beweglichen Schwenkarm platziert werden. Dies entfernt die Blockade vom Tisch und schafft mehr Freiraum.
○ Je weiter der Rechner des Computers vom Körper entfernt ist, desto geringer ist die Strahlenbelastung. Viele Werkzeuge zur »Umpolung« beziehungsweise »Harmonisierung« der Störstrahlung sind derzeit auf dem Markt. Sie haben alle das Ziel, den Organismus zu entlasten. Weit verbreitet ist auch

die Anwendung von Bergkristallen, Rosenquarzen oder Amethysten, die jedoch regelmäßig unter fließendem kaltem Wasser gereinigt werden müssen.
○ Verwenden Sie strahlungsarme Bildschirme oder Bildschirmschoner.

Formen von Arbeitstischen

Rund, halbrund, oval, weiche Rundungen:
All diese Formen sind kreativitätsfördernd und daher bestens geeignet für Tätigkeiten, bei denen neue Ideen entwickelt werden müssen beziehungsweise Gemeinsamkeit und Kommunikation im Vordergrund stehen.

Rechteckig, quadratisch:
Gerade Tischformen eignen sich gut für formale, denkorientierte, analytische Arbeiten. Sie haben sich bei Buchhaltungsaufgaben bewährt und sind auch für Banken und Versicherungen zu empfehlen.

f) Feng-Shui-Maße für mehr Harmonie

Immer wenn Sie sich neue Möbel kaufen, einen neuen Teppich weben lassen oder ein neues Türschild anfertigen lassen wollen, sollten Sie die Schwingung des »Richtigen Maßes« nutzen.

Jedes Längen-, Höhen- oder Breitenmaß sendet, vergleichbar einem Rundfunksender, eine bestimmte Frequenz aus, die wiederum mit den Menschen des Umfeldes in Resonanz geht.

Sind diese Schwingungen vorwiegend förderlich, so werden Gesundheit, Stimmung und Erfolg eher begünstigt, während im umgekehrten Fall die Raumenergie merkbar sinkt.

Leider wird ein Großteil der heute im Möbelhandel erhältlichen Objekte in ungünstigen Maßen angefertigt, die sich schwächend auswirken.

Ein Test bei einer Bilderausstellung ergab, dass sämtliche in harmonischen Feng-Shui-Maßen gerahmten Gemälde einer Aquarellmalerin verkauft wurden, während die disharmonisch gerahmten Bilder niemanden interessierten.

günstig (cm)	ungünstig (cm)	Aktiviertes Element
0–5,38		Holz
	5,38–10,75	Erde
	10,75–16,13	Erde
16,13–21,50		Wasser
21,50–26,88		Metall
	26,88–32,25	Feuer
	32,25–37,63	Feuer
37,63–43,00		Metall
43,00–48,38		Holz
	48,38–53,75	Erde
	53,75–59,13	Erde
59,13–64,50		Wasser
64,50–69,88		Metall
	69,88–75,25	Feuer
	75,25–80,63	Feuer
80,63–86,00		Metall
86,00–91,38		Holz
	91,38–96,75	Erde
	96,75–102,13	Erde
102,13–107,50		Wasser
107,50–112,88		Metall
	112,88–118,25	Feuer
	118,25–123,63	Feuer
123,63–129,00		Metall
129,00–134,38		Holz
	134,38–139,75	Erde
	139,75–145,13	Erde
145,13–150,50		Wasser
150,50–155,88		Metall

günstig (cm)	ungünstig (cm)	Aktiviertes Element
	155,88–161,25	Feuer
	161,25–166,63	Feuer
166,63–172,00		Metall
172,00–177,38		Holz
	177,38–182,75	Erde
	182,75–188,13	Erde
188,13–193,50		Wasser
193,50–198,88		Metall
	198,88–204,25	Feuer
	204,25–209,63	Feuer
209,63–215,00		Metall
215,00–220,38		Holz
	220,38–225,75	Erde
	225,75–231,13	Erde
231,13–236,50		Wasser
236,50–241,88		Metall
	241,88–247,25	Feuer
	247,25–252,63	Feuer
252,63–258,00		Metall
258,00–263,38		Holz
	263,38–268,75	Erde
	268,75–274,13	Erde
274,13–279,50		Wasser
279,50–284,88		Metall
	284,88–290,25	Feuer
	290,25–295,63	Feuer
295,63–301,00		Metall
301,00–306,38		Holz

Angenommen, Sie möchten sich einen neuen Schreibtisch kaufen und haben zwei Modelle zur engeren Auswahl.

○ Schreibtisch a) mit einer Arbeitsfläche von 130 mal 110 cm, und
○ Schreibtisch b) mit 140 mal 100 cm.

Welchen werden Sie wählen?

Version a) hat zwei aufbauende Maße, da sowohl die Länge von 130 cm (liegt im Bereich 129,00–134,38) als auch die Breite von 110 cm (liegt im Bereich 107,50–112,88) im guten Feng-Shui-Maß schwingen. Eine zusätzliche Kontrolle der Elemente ergibt, dass je ein Metall- und Holzmaß vorliegt. Da Metall das Holz spaltet, haben diese beiden Maße trotz ihrer starken Grundschwingung ein verstecktes Spannungspotential. Am besten wäre es, das Element Wasser als Verbindung zwischen Metall und Holz einzuführen, weil Metall seine Energie sinnvoll dem Wasser opfert, und das Wasser wiederum selbst das Holz nährt.

Der Tisch könnte beispielsweise schwarz sein (»Wasser«). Für die gewünschte Wasserschwingung könnte jedoch auch ein kleiner Tischbrunnen sorgen.

Version b) kann aus der Palette der handelsüblichen Normgrößen 80-100-120-140-160 cm... gewählt werden. Bei genauer Kontrolle der obigen Tabelle sehen Sie, dass all diese Maße schwächend wirken. Tisch a) ist daher dem Tisch b) vorzuziehen.

Eine Verbesserung für Arbeitsflächen mit disharmonischen Maßen lässt sich durch entsprechend harmonische Schreibtischauflagen erreichen, oder Sie vergrößern die Platte mittels Kantenaufleimern um einige Zentimeter. Auch aufgeklebte oder mit Farbe aufgemalte »Rahmen« werden manchmal verwendet.

Grundsätzlich lässt sich dieses Feng-Shui-Maßsystem auf alle Möbel und baulichen Objekte anwenden. Selbst Türen, Fenster, aber auch Betten, Regale, Schränke und Spiegel können in Zukunft in harmonischen Größen gewählt werden.

Dennoch ist, bei aller Euphorie, immer zu berücksichtigen, dass es neben den Maßen auch noch andere Bewertungskriterien für die richtige Auswahl von Möbeln und Einrichtungsgegenständen gibt. Daher sollte auch Wert gelegt werden auf Aussehen, Erschwinglichkeit, Material, Verarbeitung, Form,

Design und persönlichen Geschmack. In Fällen wo das Angebot von vornherein sehr eingeschränkt ist, finden Sie sich am besten mit nicht so idealen Maßen ab. Sie sollten aber möglichst überall da, wo es einfach und ohne Mehrkosten möglich ist, Harmonie schaffen.

g) Die Kunst der Möblierung

Bei der Möblierung einer Wohnung ist besonders darauf zu achten, dass die Proportionen im Raum und im Verhältnis der Gegenstände zueinander stimmen. Ein dunkler, mächtiger Schrank in einem kleinen Zimmer stört die Wohnatmosphäre empfindlich, da er bedrückend wirkt und in Disharmonie zur Raumgröße steht. Er symbolisiert etwas Bedrückendes in der Psyche des Bewohners.

Wichtig ist es, auf ein Gleichgewicht zu achten, sogar auf eine Symmetrie in der Asymmetrie. In diesem Zusammenhang ist die Frage wichtig, ob es sinnvoll ist, in den eigenen Wohn- und Lebensbereich vergangene Zeitepochen und fremde Kulturen zu importieren. Ein kleiner japanischer Sessel, ein schönes chinesisches Sideboard oder ein alter Bauernschrank können eine willkommene Abwechslung und Bereicherung des Zimmers darstellen, allerdings ist es problematisch, die gesamte Einrichtung etwa aus Biedermeier-, Jugendstil-, Rokoko- oder Renaissancezeit in die heutige Zeit zu übernehmen. Man kann den Wohnkomfort einer vergangenen Epoche nicht dadurch zurückholen, dass man ihr Dekor kopiert. Die Art und Weise, wie die Menschen jener Epoche ihre Zimmer einrichteten, entsprach ihrer Lebensweise und ihren Verhaltensmustern sowie ihrem Verständnis von Wohnkomfort. Ein einzelnes Element aus diesem zusammenhängenden Ganzen herauszubrechen und zu reproduzieren, wäre so, als würde man bei einem Theaterstück die Schauspieler und das Buch vergessen und nur das Bühnenbild vorführen.

Eine ähnliche Situation liegt vor, wenn ein bestimmter lokaler Stil kopiert wird. So sind etwa spanische Möbel primär dunkel gehalten, weil das Dunkle einen Ausgleich für die in diesem Land vorherrschende starke Sonneneinstrahlung schafft. Ist Licht überdimensioniert, sehnt man sich nach Schatten – und hat daher eine Vorliebe für dunkle Möbel. Da bei uns andere Lichtverhältnisse vorherrschen, können dieselben Möbel, die in Spanien ausgleichend wirken, bei uns eine bedrückende Stimmung hervorrufen.

Eine andere Situation liegt jedoch vor, wenn man zu dem betreffenden Land eine besondere Beziehung aufgebaut hat oder wenn man dort längere Zeit verbracht hat. Brigitte S., eine 38jährige Kursteilnehmerin, die acht Jahre in Mexiko gelebt hatte, richtete sich zu Hause eine mexikanische Küche ein, mit farbenfrohem Dekor und mit Bildern aus Mexiko, die ihr immer wieder neu die Landschaft und die mexikanische Kultur in Erinnerung brachten. Mexiko ist Teil ihrer Lebensgeschichte, Teil ihrer Identität geworden. Betritt sie ihre Küche, empfindet sie Freude und Glück, denn die für sie schöne Zeit in Mexiko erwacht jedes Mal wieder zu neuem Leben; sie ist damit stets neu präsent. Bei ihr ist der mexikanische Stil mit »Inhalt« gefüllt und damit sinnvoll.

Dieses Beispiel zeigt, wie wichtig es ist, die eigene Identität zu erkennen und auszudrücken. Möbel und Gegenstände aus anderen Zeitepochen oder anderen Kulturen können meist nur Teile des eigenen Selbst widerspiegeln, nicht aber die Gesamtpersönlichkeit. Aufgabe für den Einzelnen ist es, mehr und mehr seinen *persönlichen* Stil zu finden.

Feng Shui für die persönliche und die kollektive Zukunft

Wie man sich durch Feng Shui viel Geld, Energie oder Sackgassen (Umwege) sparen bzw. ersparen kann

Beim Wohnen mit Feng Shui geht es nicht um Status und Prestige, sondern um mehr Geborgenheit, Wohlgefühl und Lebensqualität. Der Schwerpunkt liegt dabei auf den Eigenschaften sinnvoll, ästhetisch, harmonisch, gesund, liebevoll, zweckmäßig, nützlich und energetisch.

Wohnen nach Feng-Shui-Kriterien lässt den Status- und Prestigegedanken außer Acht, und die Wohnung stellt kein Repräsentationsobjekt mehr dar. Damit lassen sich schon eine Menge Geld, Arbeit und Energie einsparen. Zusätzlich lassen sich durch die Weisheit des Feng Shui schon im Vorfeld viele Sackgassen und Umwege vermeiden.

Feng Shui, das bewusste Wissen um harmonisches Wohnen, verhindert, dass man öfter umziehen oder bauen muss, ehe man es geschafft hat, den wirklich eigenen Bedürfnissen gemäß zu wohnen. Dieser lange Weg von Versuch und Irrtum wird durch Feng Shui abgekürzt. Wenn Feng Shui auf diese Weise bei der Bauplatzsuche, bei der Planung des Hauses, bei der Wahl der Miet- oder Eigentumswohnung hilfreich sein kann, können falsche Standortwahl, falsche Grundrisse, falsche Wohnformen und damit verbunden auch finanzielle Fehlinvestitionen vermieden werden.

So nutzte zum Beispiel Peter S., der als Topmanager tätig war, sein beruflicher Erfolg wenig, da er gar nicht so viel Geld verdienen konnte, um immer wieder die Fehleinkäufe von Haus und Wohnung ausgleichen zu können. So wie Peter S. geht es vielen Menschen. Sie könnten sich sehr viel Geld sparen, wenn sie mehr über ihre eigenen Wohnbedürfnisse und über Feng Shui wüssten.

Warum man zuerst die bisherige Wohnung optimal gestalten muss, um seine »Traumwohnung« zu erreichen

Ist ein Verkäufer mit seiner bisherigen Arbeit nicht mehr zufrieden und strebt eine »höhere« Tätigkeit an, besteht häufig die Tendenz, dass er missmutig wird, eine ungute Stimmung verbreitet, gegenüber seinen Vorgesetzten und Kollegen aggressiv reagiert und gegenüber seinen Kunden unfreundlich auftritt. Ein solches Verhalten ist dazu prädestiniert, ihn in seiner seelischen Balance zu schwächen, ihn herunterzuziehen auf eine Ebene, die ganz sicher keine gute Ausgangsposition für eine bessere berufliche Position bedeutet. Nach den Gesetzen des Erfolgs müsste der Betreffende gerade das Gegenteil anstreben. Er sollte alles daransetzen, das Beste aus seiner Situation zu machen; er sollte sich bemühen, zum besten Verkäufer zu avancieren, der sich auf die Bedürfnisse der Kunden einstellt, und der den Kollegen und Vorgesetzten gegenüber fair und zuvorkommend ist. Hat dieser Mann seinen höchsten Level als Verkäufer erreicht, begegnet ihm eher die Chance, in eine bessere berufliche Position aufzusteigen. Ebenso verhält es sich in der Partnerschaft. Auch hier ist es wichtig, zunächst an dieser zu arbeiten, ehe man an eine neue Beziehung denken sollte. Es kommt also nicht von ungefähr, dass die Feng-Shui-Lehre sagt: Willst du eine bessere Wohnsituation erreichen, musst du zuerst deine bisherige Wohnung verbessern, sonst wiederholt sich immer wieder aufs Neue dieselbe Problematik. Obwohl der Grundriss der Wohnung vielleicht nicht optimal ist, die Wohnung zu klein oder zu düster ist – es gilt, das Beste daraus zu machen, das Chi dieser Wohnung anzuheben. Dadurch schafft man sich die innerseelische Bereitschaft für eine Wohnung, die mehr den eigenen Bedürfnissen und Wünschen entspricht.

Hierfür bietet Feng Shui umfangreiche Möglichkeiten (siehe »Hilfsmittel, Werkzeuge und Methoden des Feng Shui«) an. Welche Schritte müssen also unternommen werden, um seine »Traumwohnung« zu bekommen?

1. Bewusstwerdungsphase

Zunächst ist wichtig, sich all der Wohnkonflikte, die einen in der bisherigen Wohnung oder im bisherigen Haus belastet haben, bewusst zu werden. Da die äußeren Wohnsituationen nur Widerspiegelungen des eigenen innerseelischen Zustandes darstellen, ist es in diesem Zusammenhang notwendig, sich Wissen über Symbole anzueignen. Man wird erkennen,

o dass die beengten Wohnverhältnisse eine Widerspiegelung einer inneren Enge sind, die etwa durch eine Norm, einen Maßstab oder eine Moralvorschrift verursacht wird;
o dass der Lärm, dem man ständig in der Außenwelt ausgesetzt ist, nur die verzerrte Form der eigenen inneren Unruhe und der nicht verwirklichten Freiheit und Unabhängigkeit darstellt;
o dass die provisorische Wohnsituation Ausdruck einer inneren Unsicherheit, Orientierungslosigkeit und Ungeborgenheit ist;
o dass die äußeren Zwänge nur eine Widerspiegelung eigener, innerer Zwänge und eines Mangels an realistischen Plänen sind.

Es ist zu eruieren, wofür der Wohnkonflikt als Gleichnis und Symbol fungiert, wie man am besten Abhilfe schaffen und schließlich Veränderungen in seiner Innenwelt vornehmen kann.

2. Optimierungsphase

Die bisherige Wohnung sollte optimal nach Feng-Shui-Gesichtspunkten ausgerichtet und gestaltet werden. Die Wohnung sollte schließlich so schön, harmonisch, ästhetisch und kuschelig werden, dass es schwerfällt, sie – die vorher verschmähte – zu verlassen. Wer die Optimierungsphase überspringen will, läuft Gefahr, dass ihm in einer anderen Wohnung dasselbe Problem widerfährt, denn an der Frequenz hat sich nichts verändert. Eine Ausbildungsteilnehmerin floh aufgrund von starkem Lärm aus ihrer bisherigen Stadtwohnung in eine scheinbar ruhigere Wohngegend am Rande der Stadt. Sie lebte noch keine Woche dort, als die Straße aufgerissen wurde und Presslufthämmer ihr Ohr betäubten. Als diese Arbeiten endlich beendet waren, wurde auf dem Nachbargrundstück begonnen, ein Mehrfamilienhaus zu bauen.

3. Informationsphase

Man macht sich Gedanken sowohl über seine Wohnbedürfnisse als auch über seine Wohnform. Was ist unter Wohnform zu verstehen? Hier heißt es, sich darüber im Klaren zu sein, ob man zusammen mit dem Partner oder alleine eine Wohnung beziehen möchte, ob man in der Stadt oder auf dem Lande leben will, ob man eine Wohnung mieten oder kaufen will, ob man ein eigenes freistehendes Haus, eine Doppelhaushälfte oder ein Reihenhaus wünscht... Wobei es auch hier zu bedenken gilt, dass sehr häufig eine Diskrepanz zwischen Wunsch und Realität besteht.

So wünschen sich viele Menschen ein freistehendes Einfamilienhaus, das aber bezüglich ihrer Veranlagung und ihres Lebensstils ungeeignet für sie ist. Wer etwa keine Sorge und Belastung haben, sich um nichts kümmern will, Gartenarbeit ablehnt, keine Verantwortung übernehmen, sondern frei und unabhängig sein will, ist besser beraten, von einem Haus Abstand zu nehmen. Es hat sich als ungünstig erwiesen, ein Haus über einen längeren Zeitraum leerstehen zu lassen, wenn man beispielsweise für mehrere Monate verreisen will.

Ist man sich über seine Wohnbedürfnisse und seine gewünschte Wohnform klar geworden, gilt es, sich einen Überblick zu verschaffen über die verschiedenen Möglichkeiten des Bauens und Wohnens. Dies kann über Wohnzeitschriften, Bücher, den Besuch von Ausstellungen und Handwerksmessen, über ein Seminar in Baubiologie oder Feng Shui geschehen. Des weiteren sollte man sich über Wohnpsychologie, über Harmonie- und Farbenlehre, die Wirkung von Formen und vieles andere mehr informieren. Man sammelt Wohnideen oder Ratschläge für den Hausbau, Vorlagen und Muster für die Gestaltung des Hauseingangs, der Diele, der Galerie, der Terrasse, des Balkons etc.

Die Fragen lauten also:
– Welche Wohnbedürfnisse haben bei mir Priorität?
– Welche Wohnform passt zu mir?
– Wie komme ich an die entsprechenden Informationen und Unterlagen heran?

Besonders günstig ist es, bereits in dieser Informationsphase die Augen offen zu halten und einige Einzelstücke an Möbeln, Gegenständen, Accessoires, Pflanzen etc. zu erwerben, die besonders gefallen. Erfahrungsgemäß begegnet man all den schönen Stücken nicht mehr, wenn man unter dem Druck steht, in der Phase des Umzugs alles innerhalb kürzester Zeit kaufen zu müssen.

4. Konzeptionsphase

In der nächsten Phase geht es darum, aus der Fülle an Ideen und Informationen das auszuwählen, was zu einem passt, was auf die eigene Persönlichkeit zugeschnitten ist und was der Rahmen der finanziellen Möglichkeiten zulässt. Es gilt, ein Konzept zu erstellen, um eine konkretere Vorstellung davon zu bekommen, wie man wohnen möchte. Die Wohnung, die der eigenen Wunschvorstellung entspricht, muss als wirklichkeitgetreues Bild vor dem geistigen Auge erscheinen, damit, wenn diese Wohnung oder das Haus in der Außenwelt real in Erscheinung tritt, ein Déjà-vu-Erlebnis möglich ist.

5. Realisationsphase

Nun beginnt das Abenteuer der Umsetzung all der Ideen und Konzepte, das Abenteuer der Gestaltung und des Einrichtens nach den Richtlinien des Feng Shui. Jetzt erkennt man, wie wichtig es war, schon im Vorfeld die Dinge zu erwerben, die dem eigenen Geschmack gemäß sind, die die eigene Individualität ausdrücken, und wie wichtig es war, sich Wissen über harmonisches Wohnen anzueignen. Ein Seminarteilnehmer meinte hierzu: »Vom heutigen Gesichtspunkt aus gesehen habe ich früher nicht irgendwo gewohnt, sondern dort nur ›gehaust‹. Nur gut, dass ich es damals nicht so empfunden habe oder etwas milder ausgedrückt: Vorher war es für mich nur ein unbewusstes Wohnen, heute wohne und lebe ich bewusst und fühle mich endlich als Mensch, der sein Schicksal selbst gestaltet. Bisher war es umgekehrt, ich wurde von meiner Wohnung beherrscht und fremdbestimmt.«

Feng Shui beeinflusst das Wohnen im dritten Jahrtausend

Die Welt hat ihr Sinn-Zentrum verloren: Religiöse Heilsbotschaften, politische Glaubensbekenntnisse und soziale Orientierungen haben ihre ordnende Kraft, ihre Fähigkeit zur Sinnstiftung verloren. Hinzu kommen die stets zunehmende Entfremdung von der Natur, seelische Kälte, Macht- und Konkurrenzkämpfe, die enorme Steigerung der Kriminalitätsrate sowie von Gewalt und Aggression. Immer mehr Menschen ziehen sich daher in die eigenen vier Wände zurück, spinnen sich ein in ihr Nest und wollen mit dem »Draußen« nicht mehr viel zu tun haben. Dieser Trend wird in Fachkreisen als »cocooning« bezeichnet. Es ist das Bedürfnis, nach innen zu gehen, wenn draußen alles zu rau und erschreckend wird, sich mit einer Schutzhülle zu umgeben, damit man nicht einer schlechten, unberechenbaren Welt ausgesetzt ist – jenen Widrigkeiten und Angriffen, die von unhöflichen Kellnern, Lärmbelästigung und Luftverschmutzung bis hin zur Drogenkriminalität, Wirtschaftsrezession und Aids reichen.

Doch Haus und Wohnung sollten nicht Flucht-, sondern Regenerationsburgen sein.

Feng Shui lehrt, dass es darum geht, das Haus oder die Wohnung so zu gestalten und einzurichten, dass ein Optimum an Sicherheit und Schutz, an Privatsphäre, an Erholung und Regeneration verwirklicht werden kann. Wenn der Bewohner in seinem Haus Kraft getankt hat, wenn er ausgeglichen und zufrieden ist, kann er auch wieder besser in der äußeren Welt agieren. Er ist dann mehr gewappnet gegenüber ungünstigen Faktoren, die in der Außenwelt auf ihn einströmen. Und es hat sich immer wieder gezeigt, dass derjenige, der aus der Position der Stärke, der Ausgeglichenheit und Gesundheit heraus agiert, weniger negative Ereignisse anzieht.

Feng Shui hilft also, durch Steigerung des energetischen Potentials den Herausforderungen des Lebens besser zu trotzen, die eigene Position zu stärken, Krankheit und Leid vorzubeugen.

Doch welche Auswirkungen hat Feng Shui auf kollektiver Ebene? Wie wird Feng Shui das Wohnen im 21. Jahrhundert beziehungsweise im dritten Jahrtausend beeinflussen?

1. Feng Shui wird die Architektur im Westen entscheidend revolutionieren

Feng Shui führt weg von Konformität und Uniformierung, vom Einheitsgrundriss und von entseelter Architektur hin zu Individualität, zu eigenen Bedürfnissen, Wünschen und Träumen.

Wer sich einmal mit Feng Shui befasst hat, kann sich gar nicht mehr vorstellen, wie er vorher ohne dieses Wissen auskommen konnte; denn Feng Shui führt zu bewusster Wahrnehmung, zu bewussten Überlegungen und Gedanken. Feng Shui zeigt den Weg vom Reagieren zum Agieren, vom unbewussten Wohnen zum bewussten Wohnen. Vielleicht hat man in der Vergangenheit unbewusst und instinktiv einiges richtig gemacht, vielleicht hat man auch manches schon gewusst, doch Feng Shui gibt mit seinen Gesetzmäßigkeiten dem Einzelnen ein Instrument in die Hand, an dem er sich orientieren kann. Endlich hat man ein Konzept für das Wohnen bewusst zur Verfügung, ein Konzept, das sowohl allgemein gültige Regeln beinhaltet als auch auf das Individuum in differenzierter Form eingeht.

Ein Architekt, der sich Feng-Shui-Kenntnisse angeeignet hat, wird unter Umständen für die Planung einer Wohnung oder eines Hauses mehr Zeit benötigen. Die Konzeption des Grundrisses setzt mehr gedankliche Vorbereitung voraus, als dies früher der Fall war. Er kommt nicht umhin, lange Überlegungen anzustellen, wo am besten Türen und Fenster eingebaut werden, wie die Küche ausgerichtet sein soll, an welcher Stelle die Toilette platziert wird…

Er wird sich viel mehr mit der individuellen Persönlichkeit des Bauherrn beschäftigen, sich zuerst über dessen psychische Struktur ein Bild machen, ehe er spezifisch für diese Person zu planen beginnt. Vielleicht besichtigt er auch noch dessen bisherige Wohnung, um dieses Bild noch differenzieren zu können und auch um Wiederholungsfehler zu vermeiden.

Die Architekten der Zukunft wissen um die Wichtigkeit von Nischen und Höhlen, von Diskussions- und Kuschelecken, von loving rooms und von der Notwendigkeit eines eigenen Zimmers als Ort der eigenen Intimität und Regeneration...

2. Feng Shui wird die Einrichtungswünsche der Menschen gravierend verändern

Immer wiederholte Möblierungsschemata wie der achttürige Kleiderschrank in Schleiflack und die Wolkenstores im Schlafzimmer oder eine Wohnzimmerschrankwand mit eingebauter Bar werden mehr und mehr abgelöst von individuellen Gestaltungs- und Möblierungsideen. Wenn es um den Ausdruck der eigenen Persönlichkeit in der Wohnung geht, treten gängige Konstellationen in den Hintergrund.

Immer mehr Menschen werden zukünftig den Mut haben, ihre Sehnsüchte, Wünsche und Träume in ihrem Wohnbereich auszudrücken, ohne Scheu, von ihren Mitmenschen dadurch in ihrem innersten Wesen erkannt, ohne Angst, deshalb von den anderen nicht mehr anerkannt und geliebt zu werden.

Eine Kursteilnehmerin drückte es folgendermaßen aus: Ich hatte es satt, mich sogar in meinen eigenen vier Wänden, in meinem intimsten Privatbereich noch hinter Konformität und Konvention zu verstecken. Deshalb habe ich in meiner Wohnung all das zum Ausdruck gebracht, was an Potential in mir steckt. Sicher gab es ein paar Menschen, die darüber die Nase rümpften, aber bei den meisten war überraschenderweise eine völlig andere Reaktion zu beobachten: Sie konnten sich begeistern und beglückwünschten mich zu meinem Mut und zu meiner erwachten Kreativität. Plötzlich wollten sie auch wohnen und leben, wie es ihrer Individualität entspricht.

Feng Shui aktiviert die eigene Kreativität und Schöpferkraft. Je mehr das Wissen um Feng Shui sich verbreitet, um so mehr beginnt eine »Hoch-Zeit« für Designer, Dekorateure und Inneneinrichter. Sie werden ungewöhnliche Aufträge erhalten: Der eine wünscht sich in dem Bereich seiner Wohnung, der der Wissensecke entspricht, das Land Utopia mit UFO-Landeplatz aus Pappmaché, der nächste hat das Bedürfnis nach einem weißen Sandstrand am Meer vor einer Palmenkulisse, diesen platziert in der Reichtumsecke, der dritte bevorzugt eine Bauernhofatmosphäre mit Hühnern, Ziegen und Kühen als Zielbild im Bereich Karriere…

Diese Abbildung von Sehnsüchten, Wünschen und Träumen, ja selbst von erotischen Phantasien mittels Bildern, Plakaten, Tapeten, Pappmaché und anderen Kulissengestaltungsmitteln kann heilend auf die Seele des Menschen wirken. Dadurch werden Defizite aufgefüllt und ausgeglichen. Der Einzelne erlebt sich mehr in seiner Ganzheit, schöpft daraus mehr Lebensfreude und wird zufriedener. Dies eröffnet in der Therapie völlig neue Möglichkeiten und Chancen.

3. Feng Shui wird die Medizin maßgeblich beeinflussen

Der Satz von Viktor von Weizsäcker »Die Medizin der Zukunft wird eine psychosomatische sein oder sie wird überhaupt nicht sein«, zeigt auf, wie wichtig das psychische Befinden des einzelnen Menschen für Krankheit und Gesundheit ist.

Den stärksten Einfluss auf das Sichwohlfühlen üben die Lebensbereiche Partnerschaft, Beruf und Wohnung aus. Deshalb werden auf dem »Rezeptblock« des Arztes nicht mehr nur Arzneimittel stehen, sondern auch Strategievorschläge, wie man durch geeignete Feng-Shui-Maßnahmen den Lebensenergiefluss des Patienten anheben kann, um damit den Gesundungsprozess zu unterstützen und zu beschleunigen. Feng Shui wird daher fester Bestandteil einer Ganzheitsmedizin werden, bei der die Wechselwirkung von verschiedenen Persönlichkeitsanteilen und von verschiedenen Lebensgebieten beachtet wird.

Wenn durch Störung des seelischen Gleichgewichts Krankheiten entstehen, kann man auch umgekehrt innerhalb des Persönlichkeitssystems so vorgehen, dass damit mehr und mehr Gesundheit ausgelöst wird. Bei der Frage der strategischen Interventionen wird Feng Shui eine große Rolle spielen. Es werden dabei zukünftig bei einer Erkrankung zusätzliche Fragen gestellt werden. Wofür steht die Krankheit als Gleichnis? Wie spiegelt sich die Krankheit im Wohnbereich wider? Welche Wohnsituation löst Gefühle aus, die einer Somatisierung Vorschub leisten? Wie kann ein bestimmtes Lebensprinzip des Patienten gestärkt werden? Welche Symbole können eine energetische Steigerung bewirken?

4. Feng Shui wird das Denken der Menschen grundlegend erneuern

Feng Shui regt also zu einem strategischen und vernetzten Denken an. Es wird offensichtlich, wie alles mit allem in Zusammenhang steht. Wer nur den geringsten Teil eines Systems verändert, wird zugleich auch das Gesamtsystem verändern. Ohne vernetztes Denken erscheint alles als Sammelsurium getrennter Elemente, so dass Ganzheit und Wirklichkeit nicht erkannt werden können. Das vernetzte oder ökologische Denken macht uns erst die Wechselwirkungen und Zusammenhänge bewusst, die in unserem individuellen Leben und auf kollektiver Ebene ablaufen. Feng Shui fördert aber auch das bildhafte und das symbolische (analoge) Denken.

Unsere nächtlichen Träume zeigen uns auf, dass das Unbewusste sich primär über Symbole ausdrückt. Über die Beschäftigung mit Feng Shui wird evident, dass alles, was uns umgibt und alles, was geschieht, ebenfalls Symbolcharakter aufweist, und dass es auch gilt, die Symbole unseres Lebenstraumes zu dechiffrieren. Dadurch sind plötzlich Analogieschlüsse und Assoziationen möglich, die das eigene Leben in einem neuen Licht erscheinen lassen.

Feng Shui erweitert also das rein kausale Denken um entscheidende Dimensionen. Dadurch weitet sich der Blickwinkel, das Denken wird ganzheitlicher und dadurch wirklichkeitsadäquater.

Feng Shui als Weg

Neben allen Hinweisen und Regeln, die Feng Shui bietet, fordert es kontinuierlich auf, die eigene Intuition zu schulen und deren oft leise Botschaften ernst zu nehmen. Gehen Sie bei allem, was Sie tun, mit Bedacht vor und beobachten Sie die Veränderungen genau. Dies macht Sie wachsamer und sicherer im Umgang mit diesem außerordentlichen Wissen.

Vergessen Sie bei allem aber nicht das eigene Gefühl für Ästhetik, und nehmen Sie Rücksicht auf Ihre Mitmenschen. Weniger ist auch hier oft mehr. Und beachten Sie, dass es nicht ausreicht, allein die äußere Welt zu verändern. Auch Eigenarbeit ist notwendig, doch wird sie wesentlich unterstützt und erleichtert durch Feng Shui. Bewusst und mit Liebe durchgeführte Veränderungen erhöhen deren Wirkung. Achten Sie daher, wo Sie Ihre Aufmerksamkeit, Ihr Herz haben, denn dies wird Ihre Zukunft gestalten. Möge diese eine förderliche und sinnerfüllte für Sie und Ihre Umwelt sein.

Anhang

Literatur

Alexandersson, Olof: Lebendes Wasser, Steyr 1993
Anthony, Carol K.: Handbuch zum klassischen I Ging, München 1989
Csikszentmihalyi, Mihaly / Rockberg-Halton, Eugene: Der Sinn der Dinge, München 1989
Flade, Antje : Wohnen, Bern 1987
Hainz, Franz. / Hummel, E. / Stroppe, H.W. : Bio-Bau Datenbank, Ottobrunn 1995
Heinen, Martha P.: Kochen und leben mit den Fünf Elementen, Aitrang 1994
Herder Lexikon: Symbole, Freiburg 1990
Ipsen, D.: Das Konstrukt Zufriedenheit, Soziale Welt 1978, Heft 1, 4453
Meyer, Hermann: Jeder bekommt den Partner, den er verdient, München 1997
Morris, Desmond : Der Mensch, mit dem wir leben, München 1991
Popcorn, Faith: Der Popcorn Report, München 1991
Rossbach, Sarah: Feng Shui, München 1989
Rybczynski, Wietold: Wohnen – über den Verlust der Behaglichkeit, München 1987
Sator, Günther: Feng-Shui – Leben und Wohnen in Harmonie, München 1997
Schwab, Günter: Der Tanz mit dem Teufel, Hameln 1971
Spear, William: Die Kunst des Feng Shui, München 1996
Temelie, Barbara: Ernährung nach den Fünf Elementen, Sulzberg 1992
Wilhelm, Richard : I Ging, Das Buch der Wandlungen, München 1956

Bildnachweis

Grafik: Harald Strauss, Wien
Abbildung S. 130: Foto Schmiderer, Innsbruck
Abbildungen S. 101, 119, 127, 132: Fotoatelier Bildhauer, Graz
Alle anderen Fotos stammen aus dem Privatbesitz von Günther Sator.

Feng-Shui-Versand für westliche Feng-Shui-Artikel:

FENG SHUI ACADEMY – Günther Sator,
A–5310 Mondsee, Atterseestraße 4
Tel.: (00 43) 0 62 32 / 4 81 30, Fax: (00 43) 0 62 32 / 4 81 36
Internet: http.//www.fengshui.co.at
e-mail: fengshui@ping.at
Versand in Österreich und in alle Länder außer Deutschland

WILLY PENZEL HANDELS-GMBH,
D-37619 Heyen, Willy-Penzel-Platz 2,
Tel.: (00 49) 0 55 33 / 9 73 70, Fax: (00 49) 0 55 33 / 97 37 67
Versand nur in Deutschland

Den reichlich bebilderten Produktkatalog »Vom richtigen Wohnen« können Sie gegen einen Spesenbeitrag von DM 5,– / öS 35,– (in Briefmarken oder als Internationale Rückantwortscheine der Post) bei einem der beiden Versender gerne anfordern.

Seminare:

INSTITUT FÜR PSYCHOLOGISCHE ASTROLOGIE –
Hermann Meyer, D-80331 München, Sendlinger Straße 28,
Tel.: (00 49) 0 89 / 2 60 88 42, Fax: (00 49) 0 89 / 2 60 39 59
Seminare über Psychologische Astrologie

HAGIA CHORA, Schule für Geomantie,
D-84453 Mühldorf, Luitpoldallee 35,
Tel.: (00 49) 0 86 31 / 37 96 33,
Fax: (00 49) 0 86 31 / 37 96 34
Seminare über westliche Geomantie und Feng Shui

ISOLDE SCHAEFFER – Die Feng Shui-Agentur,
D-80798 München, Keuslinstraße 1,
Tel.: (00 49) 0 89 / 2 72 22 44, Fax: (00 49) 0 89 / 2 72 22 31
Feng-Shui-Seminare

Planung und Bauausführung nach Feng-Shui-Kriterien:

Firma RCM-Design
A-2340 Mödling, Bahnstraße 4/101+102,
Tel.: (00 43) 22 36 / 2 86 84, Fax: (00 43) 22 36 / 2 86 84 20